乡贤文化丛书

乡贤文化丛书

道德文章称双凤
——理学名家河南二程

卫绍生 廉朴 主编

杨海中 著

中原出版传媒集团
中原传媒股份公司
大象出版社
·郑州·

图书在版编目(CIP)数据

道德文章称双凤：理学名家河南二程／杨海中著．— 郑州：大象出版社，2018.8
（乡贤文化丛书／卫绍生，廉朴主编．第一辑）
ISBN 978-7-5347-9680-7

Ⅰ.①道… Ⅱ.①杨… Ⅲ.①程颢（1032-1085）—生平事迹②程颐（1033-1107）—生平事迹 Ⅳ.①B244.6

中国版本图书馆 CIP 数据核字(2018)第 008981 号

乡贤文化丛书
卫绍生　廉朴　主编
DAODE WENZHANG CHENG SHUANGFENG

道德文章称双凤
——理学名家河南二程

杨海中　著

出 版 人	王刘纯
总 策 划	郑强胜
责任编辑	张韶闻
责任校对	李婧慧
装帧设计	王莉娟

出版发行	大象出版社（郑州市开元路16号　邮政编码450044）
	发行科　0371-63863551　总编室　0371-65597936
网　　址	www.daxiang.cn
印　　刷	洛阳和众印刷有限公司
经　　销	各地新华书店经销
开　　本	787mm×1092mm　　　1/16
印　　张	14
字　　数	173千字
版　　次	2018年8月第1版　2018年8月第1次印刷
定　　价	34.00元

若发现印、装质量问题，影响阅读，请与承印厂联系调换。
印厂地址　洛阳市高新区丰华路三号
邮政编码　471003　　　电话　0379-64606268

总序

"乡贤",这一古老的称呼已经淡出人们的视野很久了。

党的十八大以来,乡贤重新进入人们的视野,成为人们热议的话题。中共中央、国务院2015年颁布的《关于加大改革创新力度加快农业现代化建设的若干意见》中明确指出,要"创新乡贤文化,弘扬善行义举,以乡情乡愁为纽带吸引和凝聚各方人士支持家乡建设,传承乡村文明"。在中共中央、国务院的文件里提到乡贤和乡贤文化,这应该是首次,它表明作为中国优秀传统文化重要组成部分的乡贤文化,既是传承乡村文明的重要内容,也是新时期农村文化建设的重要内容。但是,由于乡贤和乡贤文化淡出人们视线已久,在这一概念重新被提出来的时候,许多人并不明白什么是乡贤,什么是乡贤文化,更不知道如何传承和弘扬乡贤文化。鉴于此,有必要对乡贤称谓、乡贤之说的起源、乡贤对中国乡村的作用与意义、乡贤文化包含哪些内容等,作简要回答。

何谓乡贤?按照通常的解释,乡贤是指那些道德品行高尚同时又对乡村建设有过贡献的人。这里包含两个层面的意思:一是道德品行高尚,二是对家乡建设作出过贡献。但如果仅仅是道德品行高尚,满足于个人修身齐家、独善己身、洁身自好,很少关心乡里乡亲,很少对乡梓作出过贡献,那么,这样的人只能称为乡隐,而不能称为乡贤。乡贤既应是道德为人敬仰、行为堪称模范的人,更应是为家乡作出过一定贡献的人。不论是教书育人、传承文化、制定乡约、调解邻里矛盾，还是乐善好施、修桥铺路、接济乡人，举凡一切有益于乡里乡亲的事情，他们总是满腔热情，乐做善为。对乡村建设的贡献，是乡贤的必备条件。如果对家乡父老没有什么贡献可言，何以成为乡贤？看一看汉魏六朝出现的一些记述各地乡贤的著作，如《汝南先贤传》《陈留耆旧传》《襄阳耆旧记》《鲁国先贤传》《楚国先贤传》等，其中记载的各地乡贤，不仅在道德、学问、修养、名望等方面为人称颂，成为时人敬仰的楷模，而且都是对家乡作出过贡献的人。他们能入各种乡贤传，绝非浪得虚名。

乡贤之说起源于何时？乡贤很早就存在于中国的乡村，但乡贤之说却是在东汉中后期才逐渐流行起来的。东汉中后期，随着一些世家大族的崛起，各个郡国都热衷于撰写乡贤传记，表彰那些曾经为当地经济、社会、文化发展作出过贡献的贤人雅士。东汉以后，世家大族成为维持中国乡村社会稳定的重要力量，涌现出许多被后人称为乡贤的人物，他们对当时的社会，乃至对中国历史文化都产生了重要影响。作为乡村精英的乡贤，在乡村治理、乡村教育等方面可补政府治理之不足，发挥了政府无法起到的重要作用。一些人看到了乡贤对社会发展的积极作用，把所属郡国那些有影响的人物事迹记录下来，于是出现了所谓的"郡书"。唐代史学家刘知幾在谈到这类著作时说："郡书者，矜其乡贤，美其邦族，施于本国，颇得流行；置于他方，罕闻爱异。其有如常璩之详审，刘昞之该博，而能传诸不朽、见美来裔者，盖无几焉。"（刘知幾：《史通》卷十《内篇·杂述》）刘知幾是较早关注到乡贤类著作的史学家，他认为，乡贤类著作都是"矜其乡贤，美其邦族"，因而在当地比较流行，而到了其他地方，知道的人就很少了。在谈到东汉史书繁盛的原因时，刘知幾再次提到了乡贤："降及东京，作者弥众。至如名邦大都，地富才良，高门甲族，代多髦俊。邑老乡贤，竞为别录。家牒宗谱，各成私传。于是笔削所采，闻见益多。此中兴之史，所以又广于《前汉》也。"（刘知幾：《史通》卷九《内篇·烦省》）刘知幾虽然没有对乡贤作出解释，但他把"邑老乡贤"与"高门甲族"相提并论，表明他已经把"邑老乡贤"与"高门甲族"放在同一个层级上，充分肯定了"邑老乡贤"的历史地位与作用。

乡贤对中国乡村有怎样的作用与意义呢？乡贤在乡村建设中的作用是多方面的。他们不仅热衷于乡村治理和乡村教育，而且乐善好施、造福乡里。乡贤一般都是受过良好教育的人，他们是乡里有知识、有影响的人物，经济实力往往要比一般村民好一些。他们有能力也有意愿造福桑梓，所以常常在乡村建设上主动作为，只要是力所能及，他们一般不会推辞。在乡村治理方面，乡贤往往身兼管理者、参与者、协调者等多重角色，必要的时候，他们也可以发挥上情下达或下情上传的作用，成为联系乡亲和政府的桥梁与纽带。在调解邻里冲突和乡人矛盾上，他们不会以势压人，而是以理服人，注重多方协调和沟通，注重平衡各方利益。所以，在乡村治理方面，乡贤是农耕文明时期中国乡村社会稳定的重要因素。

在乡村教育方面，乡贤的作用更是不可小觑。乡贤大多是饱读诗书之人，他们深知文化知识对于人们的生存、生活、成长和发展至关重要，所以他们非常重视教育，尤其重视启蒙教育和家庭教育。他们中的许多人自觉地担负起教育自家子弟和乡里子弟的重任，有不少人开私塾，并兼任私塾先生。虽然有的人也接受一些"束脩"，但总体来说，义务教书的情况较为常见。他们是乡村的"先生"，是传授文化知识的人，是教人向善的人。在善行义举方面，乡贤更是乐善好施的代名词。他们愿意帮助别人，勇于助困济人，乐于接济生活困难的乡亲。如东汉末年颍川郡著名乡贤陈寔，道德高尚，知书达理，处事公正，待人公平，为乡里所推重。乡里发生了纠纷，人们不去求官府，而是去找陈寔，请求他明断是非。只要是陈寔评的理、判的是非曲直，人们都欣然接受，没有什么怨言，以至于乡人都说："宁为刑罚所加，不为陈君所短。"陈寔还乐善好施，遇上灾年的时候，乡亲们缺吃少穿，他就接济他们。大灾之年，陈寔的善举不仅挽救了那些一时糊涂的人，而且教化了乡党，纯洁了世风。当然，更多的乡贤是靠他们的智慧和财富造福乡里，为乡亲做好事，譬如常见的修桥铺路、接济穷困等助人为乐之事。在乡村治理结构尚不完备的中国传统社会，乡贤在文化教育、乡村治理、乡村建设等方面，都起到了政府所起不到的作用。他们是中国传统乡村超稳定结构的基石，也是推动乡村发展的动力。

　　对于乡贤，我们应该历史地来看，既要看到他们在乡村文化教育、乡村治理、乡村建设等方面的积极作用，也要看到他们对中国传统乡村超稳定结构的固化作用。乡村是农业社会的基础，也是各级政权的基础。但是，在中国传统社会，权力不下郡县，县级政权成为封建社会的基层政权，县令或县长通常都是七品官甚至是从七品官，县丞、县尉的级别就更低了。国家行政机构设置到县级，县以下是乡和里。乡和里的治理则借重民间力量，乡长和里长大多是由当地德高望重的长者或望族的族长担任，他们没有官位，不吃皇粮，不领俸禄，只是负责维持当地的秩序，帮助地方政府做一些诸如征收税赋、摊派徭役、管理户籍、教化民众之类的事情。但在乡村治理及文化教育等方面，乡长、里长则常常要借重乡贤的力量，因为乡贤有文化、有见识、有影响力，甚至还有财力。当乡贤与乡里管理者相向而行、勠力同心的时候，乡里就会稳定，乡村治理就比较顺畅。这个时候，乡贤的作用就得到了充分发挥。乡贤在某种意义上成了乡村治理的标杆，成为乡人敬仰和追慕的对象。但是，由于乡贤所受的教育不同，他们的理想、信念、追求也各有差异，因此，他们中的许多人不愿意与当权者同流合污，更看不惯权豪势要欺辱压榨百姓，往往是特立独行者和孤独求道者，但他们依然坚持用自己的方式服务乡里，造福百姓。如许劭主持汝南"月旦评"，大力奖掖和提携汝南才俊，评点天下名士，成为汉末继郭泰之后的清议领袖。他不应朝廷征辟，谢绝高官厚禄，以"局外人"的身份品评人物，客观公正，令人信服。又如吃尽文盲苦头的武训，穷且益坚，不坠青云之志，行乞办学，创办崇贤义塾，让那些读不起书的孩子进学堂读书，更让人肃然起敬。再如晚清职业慈善家余治，一生清贫，却四处呐喊，奔走于大江南北，劝人行善，宣传忠孝节义，成立各种慈善机构，移风易俗，救济孤贫，而且创立戏班，编写剧本，以戏曲劝善，被人誉为"江南大善人"。他们以各自的方式感染着世人，固化着中国乡村的超稳定结构，使中国乡村这个自秦汉以来政府行政权力鞭长莫及之地，成为乡绅乡贤的表演舞台。在当代作家陈忠实的长篇小说《白鹿原》中，从白嘉轩、鹿子霖和冷先生等人物身上，读者依稀看到了久违的乡贤形象，所以有评论者指出，《白鹿原》就是在寻找失去的乡贤。这样的评论虽然不无偏颇，却也道出了小说的文化追求。

乡贤是乡贤文化的创造者和实践者，从他们身上，人们可以看到传统乡贤文化在乡村建设、乡村治理、文化教育、乡土认同等方面发挥的重要作用。所以，从中国古代一直到近现代，许多乡村都建有乡贤祠，用以供奉和祭奠那些为乡村建设作出贡献的乡贤们，展示各地不同的乡贤文化。

乡贤文化是由乡贤及其乡人共同创造的，是中华优秀传统文化的重要组成部分。它作为一种文化形态，对中国古代的乡村治理，对家国文化的认同，对乡村社会的维系，对农业文明的传承，对宗族文化的延续，对乡村文明的弘扬，都具有重要的文化价值。在传承发展中华优秀传统文化的当下，创新乡贤文化，就应在进一步明确乡贤文化的历史文化价值与当代意义的前提下，深入发掘乡贤文化的内在价值和积极作用。具体来讲，就是要注重发掘乡贤文化对家国认同、乡村治理、乡村教育、乡村建设、乡村文明传承等方面的深层文化内涵，通过一个个乡贤人物，阐释乡贤文化的重要价值，梳理乡贤文化的积极意义，探索乡贤文化的传承创新路径。譬如家国认同，首先是基于对家族和家乡的认同。乡贤作为当地的贤者，不仅具有很强的凝聚力，而且还常常让乡党引以为豪，人们不论处于多么遥远的地方，只要说起共有的乡贤，就会立即引起强烈的共鸣，自然而然地拉近了人们之间的情感距离，从而形成对家族和家乡的认同。从这个意义上说，乡贤是家乡认同的标志性人物，也是促进家国认同的情感纽带。

乡贤文化对传承发展乡村文明，对当代乡村文化建设，对提升文化自觉、树立文化自信，对实现中华民族伟大复兴的中国梦，都具有积极意义。在大力弘扬传承发展中华优秀传统文化的当下，挖掘乡贤文化的丰富内涵，梳理乡贤文化的历史脉络，发掘乡贤文化的价值意义，进而创新乡贤文化，建设新乡贤文化，是传承发展中华优秀传统文化的内在要求，是提升文化自觉、树立文化自信的内在要求，也是实现中华民族伟大复兴的中国梦的内在要求。

为此，我们组织编纂了这套"乡贤文化丛书"，把自东汉以来的历代乡贤进行梳理，系统展示乡贤、乡贤文化的历史风貌和文化价值，以期让广大读者对优秀传统文化中的乡贤和乡贤文化有更多的了解，对乡贤文化的历史作用和当代价值有更多的认知，共同为创新乡贤文化、建设新乡贤文化作出应有的贡献。

"乡贤文化丛书"第一辑，我们精选了10位在中国历史上有一定影响的各地乡贤，他们不论在教书育人、修身齐家，还是在乡村治理、乡村建设、慈善赈济等方面均作出了一定贡献，成为人们传颂的典范楷模。在本辑编写过程中，每位作者均对自己承担的人物有一定研究，但因作者较多，行文风格各异，难免会出现一些不尽如人意之处，不妥之处，尚祈读者批评。

卫绍生　廉朴
2018年5月20日

目 录

黄陂降双凤　郡君育俊杰 …………………………… 001
    一、书香世家喜弄璋 ………………………………… 001
    二、贤德慈母严教儿 ………………………………… 003

濂溪开心扉　求道志慨然 …………………………… 008
    一、程珦履新寓虔州 ………………………………… 008
    二、濂溪创意说太极 ………………………………… 009
    三、孔颜乐处求心泰 ………………………………… 011
    四、吟风弄月悟人生 ………………………………… 014

横渠论太虚　关洛有异同 …………………………… 019
    一、护灵柩落籍横渠 ………………………………… 019
    二、穷气理创立关学 ………………………………… 022
    三、仪后学立撤虎椅 ………………………………… 023
    四、存异同关洛互补 ………………………………… 025

大儒掌太学　学子显峥嵘 …………………………… 034
    一、进太学伊川深造 ………………………………… 034
    二、闻高论胡瑗震惊 ………………………………… 036

三地施教化　邦本唯黎元 ············ 043
一、入仕途户县主簿 ············ 043
二、吝黎庶上元新政 ············ 053
三、施教化晋人怀德 ············ 067

朝堂议变法　奈何陷党争 ············ 080
一、拗相公执意变法 ············ 080
二、真御史忠心谏言 ············ 088
三、起党争两相倾轧 ············ 093

忧国求外放　赤心为生民 ············ 097
一、吝河工澶渊开城 ············ 097
二、堵决口书生治黄 ············ 101
三、知扶沟除弊兴利 ············ 102

嵩阳聚生徒　伊皋建书院 ············ 122
一、讲"四书"安身立命 ············ 122
二、建书院高论大德 ············ 125
三、商酒务如坐春风 ············ 131

说书崇政殿　罢官国子监 ············ 139
一、讲经筵为君之道 ············ 139
二、罢国师管勾西京 ············ 146
三、再拜师程门立雪 ············ 158

编管西入蜀　著述了心愿 ············· 166
　一、入另册编管涪州 ················· 166
　二、坐禅院潜心易传 ················· 172
　三、言四箴儒归道山 ················· 182

参考书目 ································· 206
后记 ····································· 208

一、书香世家喜弄璋

后周显德六年（959）六月，周世宗病死，年仅7岁的儿子柴宗训登基为帝，符太后垂帘听政。

显德七年（960）正月初二，殿前都点检、归德军节度使赵匡胤以率军抵御契丹为名，在陈桥发动兵变而"黄袍加身"。8岁的周恭帝在胁迫下只好禅让逊位。后周遂亡，赵宋立国。

开宝九年（976），赵匡胤突然去世，其弟赵光义即位。时中山府博野人程羽，因辅翊有功，官至兵部侍郎、太子少师，赐第于京师泰宁坊。程羽有子名希振，官至尚书虞部员外郎，娶妻高密崔氏，生三子，长子名适，次子名遹，三子名道。

程希振死后葬于西京洛阳之伊川县，程氏家族亦从此迁居洛阳。

宋真宗咸平元年（998），程适之子程琳生于开封。程琳官太常博士，之后为开封府尹，累至宰相。死后谥文简公，追封中书令。

太平兴国七年（982）程遹任黄陂知县。景德三年（1006），其妻张氏在开封生下长子程珦。程珦之后又有弟弟三人，妹妹一人。其弟分别名程璠、程琥、程瑜。真宗朝后期，全家迁居黄陂。

程遹在黄陂为官清正，关心民瘼，人称"青天"，因积劳成疾，不幸于天圣元年（1023）病逝。当时程珦尚未加冠，无力将父亲归葬河南，征得母亲同

黄陂降双凤　郡君育俊杰

意后，厝棺柩于黄陂县城西后称为程家乡坊的村子。程通出身官宦世家，又有清明之官声，朝廷赠封开封府仪同三司，同时按照荫庇官制，其长子程珦被任命为社郊斋郎，职责是负责太庙所属郊社署的祭祀事务。当时程珦刚满18岁，其弟、妹尚幼，加之母亲体弱有疾，实在无法奉调。堂兄程琳时任太常博士，经其向有司申说，改任黄陂县尉，负责一县的军事及治安事务。母子闻讯，十分高兴。

山西太原盂县侯氏，为河东大族，世居上谷郡。其中一支曾播迁黄陂。黄陂生员侯道济，真宗时为进士，曾任润州丹徒（今江苏镇江）县令。侯道济膝下有一女一子，女儿生于景德元年（1004），儿子名可，生于大中祥符元年（1008），曾官泾阳知县，累官至殿中丞。

一次，侯道济回乡时拜访程通，二人交谈十分投机，相处甚欢。侯道济见程通之子程珦少年英俊，有意将女儿许配给程珦，程通欣然应允，于是两家便结为秦晋之好。不久，芳龄19岁的侯氏便嫁到了程家。

据程颐所撰《上谷郡君家传》载，其母侯氏自幼聪慧过人、博闻强记，"好读史书而不为词章"，深得侯道济喜爱，"常以政事问之，雅合其意"，父常感叹："恨汝非男子。"

婚后，程珦与夫人侯氏相敬如宾。伯父程适在开封过世，在侯氏提议下，程珦将伯母接到黄陂居住，侯氏以母事之，悉心赡养，家庭关系十分融洽。

但也有烦恼之事让这对年轻的夫妇感到十分悲伤。婚后的第二年，大儿子出生，取名应昌。婚后第五年次子降生，取名天锡。两位小公子的到来，为这个家庭增添了无穷的欢乐。但天公不作美，长子应昌因患不名之病死去，侯氏虽生性坚毅，却也悲痛不止。但更不幸的是，翌年天锡也因天花而亡。

面对上天的打击，程珦夫妇虽内心刚强，却无力抗争。为了家庭的未来，为了事业的未来，他们毅然接受了这不幸的现实。

明道元年（1032）新年期间，黄陂县城热闹非凡，看舞狮、舞龙的人群挤满了大街小巷。东大街县学前有个广场，地面开阔，每年元宵节夜晚到这里看灯的人最多。正月十五下午，程珦率下属到这里视察，了解安全事宜。他来到一座五丈多高的"灯山"前，了解灯会情况。

这时，只见程宅中的一个家人急急忙忙地跑了过来。

"什么事？"程珦问。

"喜事！"家人喘了口气说，"大人快回去吧，夫人生下公子了！"

程府喜得公子的消息很快传开了，县令、主簿等纷纷前来恭贺，送来弄璋之礼。街头行人见到程珦，也驻足抱拳，以示善意。程珦夫妇内心之喜自不必说，为儿子起名曰颢，小名延寿。

俗话说"好事成双"。明道二年（1033）八月十五日夜，程珦与家人吃过晚饭后，便一人到后面庭院中散步。举头望苍穹，碧天如洗，浩月当空，他不禁诗兴顿生，回到书房，把纸铺在桌上，正要落笔，忽听夫人房中"哇"的一声婴儿之啼。他一怔，手中的笔一下子掉在了地上。

"灵啊！"他脱口而出。

他突然想起《易》卦二十七中讲的"颐，贞吉"，决定为新生儿子起名为"颐"。

二、贤德慈母严教儿

看着程颢、程颐一天天长大，程珦夫妇很是高兴。之后，侯夫人又生一子，起名韩奴，生一女，起名蛮奴，但均夭折于襁褓之中。

四个子女的夭亡，在程珦心中留下了阴影，因而对二程宠爱有加。二程初学走路时，家人唯恐跌跤而不放手，母亲侯氏却不像丈夫及家人

黄陂双凤亭公园里的二程铜塑像

那样娇宠，她说："汝若安徐，宁至踣乎？"（怕小孩子摔倒，何时他才能学会走路呢？）看到孩子在跌跌撞撞中从爬到走，虽然满身是土，她脸上露出的却是笑容。二程四五岁时，吃饭有时挑挑拣拣，家人就把剩下的饭菜倒掉。侯氏每发现，总是加以制止，并对家人说：对孩子万不可娇生惯养，"幼求称欲，长当何如？"（小时候贪图美味佳肴，长大成人之后怎么办呢？）（《上谷郡君家传》）

程珦觉得两个孩子小，尚不懂事，顽皮一点没什么，不必声色俱厉地批评。侯氏则说，声色俱厉可不必，但批评却不可免。她联系社会上的教训，认为对孩子万不可溺爱。"子之所以不肖者，由母蔽其过而父不知也。"程珦听后觉得有理，心里感到很惭愧。

程颐后来回忆说，严要求是最大的母爱。这一点侯氏与一般的母亲不同，正说明她目光的远大："夫人生子六人，所存惟二，其慈爱可谓至矣。然于教之之道，不少假也。"（《上谷郡君家传》）

俗话说，身教胜于言教。侯氏除教育二程从小养成良好习惯外，还以身作则教育他们如何为人。

程珦有三个弟弟，其中一个死得较早，侯氏就把孤儿寡母接到身边，视侄子如己出，"常均己子"。程家人口多，雇了几个佣人，侯氏对他们从不以下人相待，没有大声喝斥训骂过，更不许别人动手打人，而是一向"视小臧获如儿女"。"诸子或加呵责，必戒之曰：'贵贱虽殊，人则一也。汝如是大时，能为此事否？'"（《近思录》卷六）

勤俭持家是中国人的优良传统。侯氏虽出身官宦之家，却安于贫约，日常用度，"服用俭素"，有时孩子及家人与亲族朋友攀比，她总是和颜悦色加以解释，要他们心理平衡，做到"如无所见"。

据《上谷郡君家传》载，侯氏心地善良，曾多次收养弃婴。"道路遗弃小儿，屡收养之。"如，"有小商，出未还而其妻死，儿女散，逐人去，惟幼者始三岁，人所不取，夫人惧其必死，使抱以归"。家里的一些人对此很不理解，"人皆有不欲之色"。后来找到了弃儿之父，他万分感谢地说："幸蒙收养，得全其生，愿以为献。"夫人曰："我本以待汝归，非欲之也。"

母亲的言传身教对二程的影响很大，程颢后来回忆说："颢兄弟平生于饮食衣服无所择，不恶言骂人，非天性也，教之使然也。"

二程自幼聪慧，但就读书来说，程颢较为认真、刻苦，程颐则爱动少学。为了让孩子养成读书的习惯，侯氏对二程总是以鼓励为主，以母爱激励他们。

在父母的抚育下，二程会念一些启蒙读物。7岁时，父母还为他们请了私塾先生。

在侯氏的教导下，二程学业不断进步。

程颢读书的自制能力较强，每当见弟弟贪玩时，就把侯氏"我惜勤读书儿"的题字拿到他面前，并提醒说："你不是说记得牢吗？怎么忘了？"程颐一看到母训，立即就回到了书桌前。

程颢过10岁生日那天，为了讨得双亲欢喜，与弟弟合计了一下，决定请父亲为兄弟二人的未来定一个发展目标。

看着眼前两个孩子天真的模样，程珦心中喜不自禁，说："很好，快把你母亲请出来！"

侯氏问明了情况，也很高兴。程珦说："俗话说，知子莫若母。就请你代劳吧！"侯氏没有推辞，略加思索，便在程颢递过来的本子上写了"殿前及第程延寿"七字，在程颐本子上写了"处士"二字。

"怎么样？"程珦问。

望着墨迹未干的大字，两个孩子虽不理解，却很高兴，齐声说："谢谢母亲大人！"

清明节那天，程颢读书时看到了一则故事。故事说的是，东晋元兴年间，广州刺史吴隐之赴任途中经过石门时，听说此处有一眼泉水，人称"贪泉"，凡饮者，必贪。吴隐之笑而不信，让仆人取水自饮，并赋《酌贪泉》诗一首。诗曰："古人云此水，一歃怀千金。试使夷齐饮，终当不易心。"程颢读后，对吴隐之顿生敬佩之意，有感而写了"中心如自固，外物岂能迁"二句，之后拿给父亲看。程珦看后问："这是你写的吗？"程颢点头应认。程珦很是吃惊，没想到10岁顽童竟聪慧如此！很是高兴，暗叹孩子心中有正气。他说："快让你母亲也看看！"

侯氏接过纸来，轻声读了起来："中心如自固，外物岂能迁！"之后问道："我儿知道伯夷叔齐之事吗？"

"知道得不多，就知道他们饿死也不食周粟。"程颢说。

"伯夷叔齐都是有气节的人，不过属于穷困潦倒者一类。"侯氏说，"吴隐之则不同，他是富贵而有气节者。知道什么是气节吗？"

这时，程颐走到侯氏跟前说："我知道，我知道！就是孔子说的'富贵不能淫，贫贱不能移，威武不能屈'！"

侯氏一听笑了。"是孟子说的，不是孔子！"又说，"问一下你哥哥对不对。"

程颢忙说："母亲教导的是。孟子说过，人要有大丈夫气概，存浩然正气。"

"你们现在懂得这个道理就好！"侯氏说，"将来你们长大成人后就会知道，贫贱不移，很多人能做得到；而真正富贵不能淫，说来易，行实不易呀！"

在侯氏的严格教育和熏陶下，二程识书达礼，成了黄陂官宦子弟中的佼佼者。

庆历二年（1042），户部侍郎彭思永到黄陂巡察，在县学中见到12岁的程颢。彭思永询问县学情况，程颢应对得体。

"此为谁家公子？"彭思永问。

程珦忙上前答话："禀大人，此乃下官犬子。"

"令郎才思聪敏，真神童也！"彭思永一面称赞一面伸出了大拇指。

第二天，彭思永到程宅看望程珦，又将程颢夸赞了一番，并表示愿将小女许配给程颢。程珦夫妇喜出望外，招待不迭，并请县令出陪。程、彭两家就此结下亲事。

庆历四年（1044），程珦调任吉州庐陵县尉，庆历六年（1046）又以大理寺丞知虔州兴国县，于是，夫人及二程也随其到了兴国。

濂溪开心扉　求道志慨然

一、程珦履新寓虔州

庆历四年，清明节过后，程珦带着夫人及13岁的程颢和12岁的程颐前往兴国县赴任。

此行他比较高兴。兴国县属南康郡，是一个新县。太平兴国七年（982），将赣县北部几个乡划出，与庐陵、泰和部分村社组建而成，并以年号"兴国"为县名，以示吉庆兴旺，治所设在潋江镇。

到兴国之后，程珦才知道情况并非他所想的那样简单。因为这是一个三县交界区域组成的县，已往积累问题甚多，且多由于"三不管"原因造成。乡老对他说，这些年来，兴国"素号难治"，尤其县东的衣锦乡，土地贫瘠，百姓困苦，赋税难以承担，民怨甚多。

程珦知此后，便前往各乡镇了解社情，据实安抚，扶难济困，减免税徭夫役，半年后，民怨渐息。

程珦深知，民治须刚柔相济。

他告示全县：劝农兴商，公买公卖，严惩欺行霸市、聚赌滋事之徒。

他告诫下属役从：不可居官压民，不可贪钱受贿，不可为富不仁。

他重视社会教育，不仅恢复了县学、创办了潋江书院，同时还鼓励发展私塾。

他利用村社组织节庆活动，在百姓中推行礼义教化，表彰邻里和睦及孝贤节义者。

由于多管齐下，举措有力，不到两年，兴国百业繁荣，道不拾遗，人文蔚然。"惟时政教大洽，人文特盛，狱空者岁余。"一位乡贤为文赞程珦："慈恕而刚断，居官临事孜孜不倦，温恭待下，率以清慎。"（《宋史道子传》）

在程珦治理下，兴国治安良好，粮丰民裕，他因而受到百姓爱戴。南宋咸淳八年（1272），兴国县令何时看到百姓在怀念中对程珦称赞不已，就在衣锦乡安湖书院专建一室名曰"洁矩堂"，塑程珦及二程像供奉，还和当地百姓一起，把潋水流经城南的一段叫作"程水"，并在岸畔建石塔一座，起名"程水塔"，以为永久性纪念。

二、濂溪创意说太极

程珦由于兴国政绩卓著，庆历六年春被调往南安军任通判，负责地方官员的监管督察事务。在这里，他结识了年轻的学者周敦颐。

周敦颐（1017—1073），道州（今湖南道县）人，少年丧父，随母亲投靠时任龙图阁大学士的舅舅郑向。周敦颐聪慧仁孝，志趣高远，读书刻苦，深得郑向喜爱。庆历元年（1041），在舅舅的推荐下，25岁的周敦颐到洪州分宁（今江西修水）任主簿之职。当时分宁有一桩疑难案件久断不决，周敦颐至一讯立辨，使得上下大吃一惊，老主簿自愧不如，街谈巷议，无不交口称誉。

周敦颐像

庆历四年，经过历练的年轻主簿、28岁的周敦颐，受到上司之青睐，被调任南安军司理参军，仍负责案件的受理与诉讼。

在主簿任上，周敦颐一如既往，恪尽职守，同时不忘研究《周易》，并于庆历六年完成了《太极图说》。

南安军地处赣、闽、粤交界处，下辖大庾、南康、上犹三县（治所在今江西大余），宋代之前，这里还是"化外之地"，经济、文化相当落后。同时代曾任吏部尚书的江西人彭汝砺在《南安军学记》中说："南安军地阻隘，其民贫多讼，学者不满百人。"可见当时文化落后之一斑。周敦颐到后，在知州的支持下，正式兴建了学宫，府县的官吏及士绅纷纷将子弟送于门下。

程珦在兴国任上就对周敦颐的道德、学问有所耳闻，今为同僚，言谈话语间更感到他气度非凡、学问广博，实为难得之诤友。于是就将程颢、程颐相托。时程颢15岁，程颐14岁。

周敦颐见兄弟二人聪颖知礼，十分高兴。

一日功课之后，周敦颐将《太极图说》示与二程，要其抄写后诵读。

第二天，二程将《太极图说》送还给了周敦颐。

"记下了吗？"周敦颐问。

"先生文章极好，已会背诵。"

"很好！"周敦颐非常满意地说。"《太极图说》仅249字，应该会背。"他见程颐一直没有说话，就问道："你也会背诵了吗？"

"先生容禀，他是哥哥，我是弟弟，我明天就会背诵的。"

又过了半月，周敦颐把程颢和程颐叫到跟前。

"前几天我给你们两人讲了《太极图说》之意，可曾理会？"周敦颐转过脸对程颢说，"你是哥哥，你先说。"

"先生，这次我先说吧！"程颐未等周敦颐说完就把话头抢了过去。

周敦颐微笑着点了点头。

"先生说'惟人也，得其秀而最灵'，很合于圣人之理。天为一极，地为一极，人立于天地之间，应与天地同列之一极。既往先贤三极同列，此次先生尤突出人，弟子甚感震撼。"

"还有什么？"周敦颐问。

"还有一点，就是先生所说'圣人定之以中正仁义而主静，立人极焉'。所言极不寻常。"

"你有何体悟？"

"弟子感到，'中正'为人处世之本，只有中正，处事方可不偏不倚，择以正道。此正《中庸》之宏旨也。静则慎，静则智；慎则正，智则仁。人与物之别，'中正仁义'与'主静'而已。先生谓之'人极'，使弟子豁然知然。"

周敦颐对程颐的回答感到有些吃惊。问程颢道："你也说说看法。"

程颢说："我写了读书笔记，文字较长，只说一下要点好吗？"

"怎么，你还写了心得？"周敦颐既吃惊又高兴，"那你就说说吧！"

程颢说："先生《太极图说》内涵博而广，要而言之，所言古圣贤尚未论及者有三：一是太极之说，为先生独创之宇宙论。二是'一动一静，互为其根'，为先生独创之动静论。三是'二气交感，化生万物，万物生生而变化无穷'，为先生独创之生命体认论。"

周敦颐想不到程颐、程颢有如此深刻的理解与概括，不由得站了起来，连声说："真大器也，真远器也！"

由于二程学而思，思而学，学业日进，周敦颐甚为满意，有时因公务而不能至学宫时，则安排由程颢代为讲课。周氏门下受业者也为有如此同窗而高兴。

三、孔颜乐处求心泰

周敦颐以继圣人之绝学为己任，阐发其理义，同时在教育弟子方面，也强调以圣人之情志为最高精神境界来陶冶性情，以实现成圣成贤的人生理想。他见二程聪颖无比，在他们熟读《论语》《孟子》之时，又引导他们体会"孔颜乐处。"

"孔颜乐处"之典出自《论语》。

孔子有志于世,但却屡遭困厄甚至险境,但他内心总是十分安详且乐观对待之:"饭疏食饮水,曲肱而枕之,乐亦在其中矣。不义而富且贵,于我如浮云。"(《论语·述而》)他不论游学还是授徒,总是"发愤忘食,乐以忘忧,不知老之将至"。

孔子有七十二高足,颜回为其中贤者之一。他注重学问的长进与品德的修养,一生虽穷困潦倒,但从未懊悔与消沉,而是不改其乐学之志。《论语》有两则记述。一则是孔子将颜回与子贡两人的才华与状况加以对比,他说:"回也其庶乎!屡空。赐不受命而货殖焉,亿则屡中。"(《论语·先进》)在肯定颜回的学问道德的同时,虽没有否定子贡,但不平之意不言而明。另一则是孔子对颜回高尚情操的直接称赞:"子曰:'贤哉,回也!一箪食,一瓢饮,在陋巷,人不堪其忧,回也不改其乐。贤哉,回也!'"(《论语·雍也》)

"孔颜乐处"作为儒家崇高人格精神和道德境界,为世人树立了楷模。

然而,从汉至唐,随着民族的融合、文化的多元及异域文化的传入,很多人在价值追求上出现了迷惘与困惑。尤其至残唐五代之时,政治窳败、道德沉沦现象更为普遍。士大夫与时俯仰,道德几至沦丧。

周敦颐要弟子寻"孔颜乐处",不是要其安贫乐道,而是要超越物欲之乐的内心自足的愉悦,是一种追求社会道德最高价值与人生理想信念的崇高精神境界。他对二程说:

> 颜子"一箪食,一瓢饮,在陋巷,人不堪其忧,回也不改其乐"。夫富贵,人所爱也;颜子不爱不求,而乐乎贫者,独何心哉?天地间有至贵至爱可求,而异乎彼者,见其大而忘其小焉尔。见其大则心泰,心泰则无不足;无不足,则富贵贫贱处之一也。处之一,则能化而齐,故颜子亚圣。(《通书·颜子》)

周敦颐要二程求"大"而忘"小","小"即眼前蝇营狗苟的外在富贵及各种物欲,"大"则是神圣崇高的人生理想境界的提升;而当达到这种崇高的道德境界之后,便会感到非常满足而"心泰"。这种追求与提升使二程感到,读书绝不只是简单地寻章摘句的辞章之学,它天外有天,就是求"道"。

这个"道"是什么呢?二程认为就是"仁"。

大程说:"仁者,以天地万物为一体,莫非己也。"认为这是"仁"的最高境界。小程也说:"仁者在己,何忧之有?凡不在己,逐物在外,皆忧也。'乐天知命故不忧',此之谓也。若颜子箪瓢,在他人为忧,而颜子独乐者,仁而已。"颜回之所以在任何情况下都能拥有本心之乐,主要是"仁"在其心中牢牢生根。所以他又说:"凡学道,正其心,养其性而已。"此话也道出了周敦颐要二程寻"孔颜乐处"的根本原因。

另外,二程对周敦颐的如下教导也是念念不忘:

> 文所以载道也。……文辞,艺也;道德,实也。……不知务道德而第以文辞为能者,艺焉而已。

> 圣人之道,入乎耳,存乎心,蕴之为德行,行之为事业。彼以文辞而已者,陋矣。

> 君子以道充为贵,身安为富,故常泰无不足,而铢视轩冕,尘视金玉,其重无加焉尔。

周敦颐"孔颜乐处"的教导,不仅使二程在为学上豁然开朗,而且也改变了其人生之道,使二人终生难忘。程颢几十年后回忆说:"昔受学于周茂叔,每令寻颜子仲尼乐处,所乐何事。""自十五六时,与弟颐闻周敦颐论学,遂厌科举之业,慨然有求道之志。"

看到程颢、程颐学业日进,周敦颐十分高兴,庆历八年(1048),他亲自写信给胡瑗,推荐二程到太学深造。皇祐元年(1049),二程拜别恩师与父母,前往汴京,入太学学习。

二程在南安从学周敦颐虽然时间不长，但由于得到恩师真传，起点高，加之勤于思索，功底扎实，为其后在太学的深造与对理学的发展奠定了坚实的基础。

四、吟风弄月悟人生

《论语·述而》中有一则关于孔子教学方法的记述："子曰'不愤不启，不悱不发，举一隅不以三隅反，则不复也。'"

孔子认为，在向学生传授知识时，要采取启发式，不到学生下大气力想弄明白但仍想不透的时候不要再去讲什么，不到学生心里明白却又不能以准确的语言表达出来的时候也不要去提示他。如果学生还不能举一反三，就先不要再强行灌输了。

和孔子一样，周敦颐在教学的实践中也非常重视启发式教学，引导弟子能够举一反三，促进学生思想境界的升华。周敦颐让二程寻"孔颜乐处"就使二程终生受益匪浅。二程曾回忆说："学至涵养其所得而至于乐，则清明高远矣。"还说："中心斯须不和不乐，则鄙诈之心入之矣。"正是由于"清明高远"的情操压倒了、战胜了低俗的"鄙诈之心"，才使他们厌科举之业而慨然有求道之志，从而具有"道心"。

周敦颐不仅要弟子学有所成，具有崇高的品行与精神境界，而且还要懂得如何生活，愉快生活，能够"吟风弄月"，使自己的一生更加丰富多彩，也更有意义。

如何培养弟子"吟风弄月"？周敦颐为弟子树立的榜样仍是儒家先圣——孔子。其教材之一就是《论语·先进》中的"子路、曾晳、冉有、公西华侍坐"章。

某日，孔子上座，对侍坐的子路、曾晳、冉有、公西华等人说："你们几位未来有什么志向，都说说看。"子路立即说，如当政，三年便可以治好一个中等国家。孔子听后笑了。冉有接着说，如果是治理一个小国家，我也能够。公西华说，我能力小，只能当一个主持礼仪的司仪。

曾皙坐在一旁专心弹瑟，孔子问他："你呢？"

曾皙"铿"的一声将瑟停下，从容地站了起来，回答了孔子的提问。

  舍瑟而作，对曰："异乎三子者之撰。"子曰："何伤乎？亦各言其志也。"曰："莫春者，春服既成，冠者五六人，童子六七人，浴乎沂，风乎舞雩，咏而归。"夫子喟然叹曰："吾与点也。"

孔子既是一位严肃的师长、教育家，又是一位终生致力于克己复礼、主张为政以德的思想家与政治家。这次，他没有对表示积极从事政治活动的子路、冉有、公西华加以称赞，相反，却出人意料地对情怀浪漫、偕友携酒、希望在轻歌曼舞的自由生活中度过一生的曾皙表示认可。

一位人们心目中不苟言笑的圣人，怎么突然变成了"吟风弄月"之人了呢？于是，他"吾与点也"的一声喟然长叹，是"失态"还是人应有的"常态"，也从此成了历代儒家追随者苦思冥想以求破解的千古之谜。

周敦颐告诉弟子，这就是圣人超越物欲呵护心灵的智慧，它之所以非常可贵，就在于它是一种高尚的文化自觉。

二程一面对"吾与点也"认真地细细咀嚼，一面体察着先生的一言一行。

周敦颐平日喜爱整洁，学堂内桌椅摆放整齐，门窗一尘不染，但其住处窗前的杂草却不让役人铲除。问之，笑曰："与自家意思一般。"

一日，天气晴和，二程见周敦颐又在窗前颇有兴致地欣赏那一簇簇的小草，便上前问道："往日求教先生何不铲除窗前荒草，先生曾说'与自家意思一般'。请问先生：何谓'与自家意思一般'？"

周敦颐说："往日我讲太极，你二人可还记得？"

"记得。"程颢忙上前一步，接着回答："先生说：无极而太极，太极而生阳,静而生阴;阳变阴合,而生水、火、木、金、土,是谓五行。万物依此序而生。"

"说下去!"周敦颐见大程有些犹豫,于是鼓励他往下说。

"我说吧。"程颐接过哥哥的话头,"乾坤交感,也就是天地变化而万物生,人只是万物之一,但却因'得其秀而最灵'。所谓'得其秀'者,即具有了人性,表现在日常生活中,就是'中正仁义而主静'。"

"说下去!"周敦颐鼓励他。

"这与先生窗前之草也有关系吗?"二程有些不解。

面对二程疑惑的目光,周敦颐明白了。

"看来,在人与物之关系上,你们还有一个弯子没有转过来。"他随手拔了一棵小草拿在手中,一边观察一边说,"小草与人判然为二,但其本源上却同太极、阴阳、五行化而生。我时常对你们说要留心观察,看来你们还是观察得不够,思考得太少呀。"

"请先生明示!"二程说。

"做学问,最重要的是弄透其理。目下一些尘世之人,汲汲于名利,孜孜于衣食,但却忘记自我之大'本'大'源'。但我们不能忘!"他看二程听得很入神,接着说,"我之所以讲大'本'大'源',就是要你们在'静观'万物中体会天地之根、万物之源,而最终认识到'中正仁义'为人性之根本。观察人也好,观察小草也好,流连湖光山色也好,吟风弄月也好,只要能通过这些观察,体悟出天地之根万物之源,具有道德修养的内在自觉性,便会时时刻刻地认真践履'中正仁义'。"

"吟风弄月"是为了陶冶情操,也是为了悟道,而且更有利于悟道。这一点,在周敦颐的"吟风弄月"的诗作中非常明显。如他的《暮春即事》,就是抒其读《易》得道的愉悦之情:

  双双瓦雀行书案,点点杨花入砚池。间坐小窗读《周易》,不知春去几多时。

二程对周敦颐"吟风弄月"各有领会，大程最有心得。有七绝《春日偶成》：

　　云淡风轻近午天，傍花随柳过前川。
　　时人不知余心乐，将谓偷闲学少年。

这是程颢任户县主簿时所作，诗前二句状景，写在风和日丽的春日里所见、所遇；后二句抒情，抒发了春日郊游的快乐心情。这种"乐"既是普通人喜享春色之乐，又是一种颇具理趣之乐，即通过"吟风弄月"在更高层次上的心境自得之乐。这后一种乐，是"时人"也即普通人难以得到、难以体悟、难以达到的，因为它是忘世脱俗的自然真性之乐，是深谙"心便是天"之哲理者之乐。

程颢还有七律《秋日偶成》二首。

其一曰：

　　寥寥天气已高秋，更倚凌虚百尺楼。
　　世上利名群蚁蠓，古来兴废几浮沤。
　　退居陋巷颜回乐，不见长安李白愁。
　　两事到头须有得，我心处处自优游。

另一曰：

　　闲来无事不从容，睡觉东窗日已红。
　　万物静观皆自得，四时佳兴与人同。
　　道通天地有形外，思入风云变态中。
　　富贵不淫贫贱乐，男儿到此是豪雄。

二程论诗，主张"中和之气"，即应具广大和乐、中正舒泰的圣人气象。在这两首诗中，诗人描述了自己与四季节候变化相顺应的内省体验，以开朗明快的心理氛围和浪漫情调，表现了主体意识进入宇宙万物中达到的物我一体的精神境界。诗人在静观万物之变中，思绪无不与风云起伏，从而感受了道通天地的乐趣。

朱熹曾品评《春日偶成》《秋日偶成》二诗。他说："看他胸中直是好，与曾点底事一般，言穷理精深，虽风云变态之理无不到。"(《濂洛风雅》引）朱熹指出，程颢诗中所表现的情怀，与《论语》中曾晳"风乎舞雩，咏而归"的襟胸相类似，也就是说，其见识已达圣人气象。

这是程颢遵从师道"静观"与体悟的结果。在静观时，周敦颐、程颢能够以平静的心理状态把自我置入对象之中，并从中寻找直观体验，最终体悟到无形的"道"是有形的天地万物之本体，认识到自然万物孕化于春天般的"仁"境之中，因而"见万物自然皆有春意"。

这种"孔颜之乐"是生命之乐，是"豪雄"之乐，它显示了作者平和淡泊的人格范型及其和谐宁静的内心世界；这种生命之乐，不是常人的物质享受与声色刺激之娱，而是陶醉于自然山水的愉悦，其中最突出的是那种淡泊名利、与道俱往的人生感受。这也是理学的最高情感体验之境界。

"吟风""弄月"，"静观"以"求乐"，进而"悟道"，这是周敦颐所解圣人修身之意，并以此传授给弟子。二程秉承周氏衣钵，体悟与其一脉相承：在读书中求乐，在吟风弄月中求乐，在观察事物中求乐。由于此乐远离物欲且入心入脑，因而恒常、永固而久远，这就为二程悉心"体贴"天理奠定了坚实的基础。

一、护灵柩落籍横渠

张迪，祖籍大梁，其父张复，真宗时曾任给事中、集贤院学士，后赠司空。张迪几年前到京兆府长安城任职，不久朝廷下诏，升任涪州知州。其妻陆氏，南阳人。其子名唤张载，天禧四年（1020）生于长安。

涪州雄踞长江岸崖，为交通要冲，下辖涪陵、乐温、武龙诸县。张迪上任后，兴学劝农，温厚下属，深得黎庶敬爱，市井倒也平静。天圣七年（1029），张载10岁，张迪一人为其课甚感吃力，就为儿子请了"外傅"。张载读书奋发，外傅心中十分高兴，见人就说其"志气不群，知虚奉父命"。

天圣八年（1030），张迪又得一子，夫妻甚是喜欢，为其起名戬。

张迪一向体弱，加之涪州多雨潮湿，时常气喘，腰腿有时也酸痛乏力。才来的两年，春秋之时还应下属之邀，属意山水，饮酩赋吟。后来感到体力有些不支，除公事之外，诗酒之约多谢以婉言。

景祐元年（1034）六月中旬，张迪从州衙回到家中，夫人见其脸色发黄，嘴唇微颤，就知道其旧病又犯了，在安置其卧床后，立即叫张载去请郎中。

几天后的黄昏时分，张迪把夫人和张载叫到了床前。陆氏把刚才友人送来的一盘鲜荔枝端了过来。张迪把一颗晶莹剔透的荔枝放入口中，合着眼慢慢地咀嚼。馥郁清香之味使他十分惬意。他看了陆氏

横渠论太虚　关洛有异同

一眼，说："看来我是过不了夏天了，这荔枝怕是再也吃不成了！孩子还小，以后你免不了要多受些累。"说着伸出手拉了拉张载和张戬，"载儿，你要助母亲一臂之力，把弟弟带好！"

"你安心静养才是，不要说那些不着边儿的话。"陆氏说。之后又拣了两颗汁多肉厚的荔枝送到了张迪嘴边。

张载说："爹爹放心吧，弟弟比我聪明，将来会有出息的。"

张迪轻轻地抚摸了一下张戬的一束头发，嘴角边露出了一丝笑意，示意两人可以出去了。

张迪病逝的牒文很快报到了京城，朝廷鉴于他恪尽职守，赠尚书督官郎中，并指示涪州出资，派人护送灵柩归葬大梁。

一个月后，公署差遣两位公人与张载及其母亲带着弟弟离开了涪州。为了路上安全，灵柩安放捆扎后，又用布篷将大车覆上。张载、张戬及母亲乘坐一车，公人则乘马而行。众人越蜀水，穿巴山，风餐露宿，取道汉中。

从勉县经汉中向北一百里，车辆进入衙岭山，几天后，穿过五百里褒斜谷，来到了眉县。

当车辆东行至横渠村时，先是遇到几个慌乱不堪的百姓迎面而来，他们没有在意。不一会儿，又有一群人拥了过来，人群中夹杂着喊声与哭声。陆氏感到情况不妙，忙叫役夫上前询问。来人说，前面十几里处发生了兵乱，不仅抢夺百姓财产衣物，还放火烧房，抓人打人。一位老者看到他们几人肤白衣楚，还有车辆马匹，忙说道："客官，快带夫人、公子躲藏一下吧！"

车子拐进了路侧小道，他们在一个叫大镇的小村里落了脚。

不料一住就是半个月。差役几次去打听，当地人都说兵乱难靖，远途可畏，万不可走。

一天，差役对陆氏说："夫人，关中兵荒马乱已非一天。我们带的银两也开销得差不多了，所剩不多，但也足够你们娘仨用上几个月的。你和公子就在这里暂且住下，我们先回去向州老爷禀报，待兵祸稍息，再来护送你们到大梁。"

转眼到了年底，仍不见涪州消息。陆氏看着年纪尚幼的儿子，不禁暗自落泪。

张载也看出了母亲的心事。一天，他对陆氏说："母亲，涪州那边的事我看是没指望了。咱们三人在这里住了快半年了，村里人也都不错，就在这里住下去吧！"陆氏原以为张载想回大梁，听了这些话，锁着的眉头顿时展开了。

"你说什么？咱们不回大梁了？"陆氏急切地问，"说说你的想法！"

"母亲，父亲在长安为官，我也出生在那里，大梁从来没有回去过，老家也没亲人了，就是回到那里，我们能依靠谁呢？"张载看了一下母亲，接着说，"我看横渠这个地方挺不错，属八百里秦川，土地肥沃，气候又好，稷麦谷菽年年丰收。杜甫不也是河南人吗，他就认为这里很好，说'秦中自古帝王州'！再说，这里离长安又不远，还可以去看看咱过去住过的地方！"

陆氏听了张载的这番话，连连点头。

张载见母亲同意了，很是高兴。

"母亲放心吧，过罢年儿子向村里管事儿的老人请教一下，尽快把父亲的安葬之事办妥。之后，我就到横渠镇上的崇寿院去念书，你就在家教我弟弟识字吧！"

第二年春天，张载在村南山脚下买了一块墓地，清明节时将张迪的灵柩进行了安葬。

从此，张迪成了横渠张家的开基之祖，大镇口迷狐岭墓地也从此成了张家的永久墓地。

二、穷气理创立关学

宝元元年（1038），元昊称帝建立大夏王国后，多次进犯大宋西部边境，宋军屡败的战报不断传到京城。为挽救局势，加强边防力量，康定元年（1040）夏，朝廷任命范仲淹为陕西经略安抚招讨副使兼知延州，负责主持西北防务。21岁的张载一向崇敬范仲淹，闻此讯后，立刻到延州拜见范仲淹，并向其表达自己以身许国之愿。

张载向范仲淹呈上了自己对付西夏的军事方略，从清野、回守、省戍、因民、讲实、择帅、择守、足用、警败九个方面陈述了具体的意见。

范仲淹肯定了张载以身报国之志，同时分析了当时的形势，语重心长地对他说："儒者自有名教可乐，何事于兵？"并教导他应弃武从文，速返乡潜心读研儒典尤其是《中庸》，以便将来更好地报效国家。

张载听从了这位长者之言，盘桓两日后便返回了眉县。

一年之中，他闭门苦读《中庸》，旁及佛老。然虽累月尽究其说，

张载像及季羡林所录张载语录

终觉知无所得，于是，又全身心研读"六经"，并联系实际，深探其理。

张载潜心研《易》和周公之礼，从孔子、孟子、荀子之学切入，思考着人与自然的关系、人的修养与人生终极价值。

张载一边思索、研究儒家哲学，一边开馆授徒，由于其籍在关中，学生也多为关中人士，加之其学与二程、三苏不同，故后人分别称其学派为关学、洛学与蜀学。

张载是关学的奠基者，也是理学的开创者，在中国思想史上具有重要地位。

三、仪后学立撤虎椅

嘉祐元年（1056），精心研读儒典的张载37岁。

四年前的皇祐五年（1052），张载24岁的弟弟张戬进士及第，出为闵县主簿。

当时，弟弟对一向关心世事的哥哥说，儒家先贤倡入世之说，唯为官方可实现"为天地立心，为生民立命，为往圣继绝学，为万世开太平"之人生宏愿。张载说："弟弟所言极是，只是目前还有些学问要做。请你先行一步，为兄不久就会步你后尘。"

张载决定进京，参加翌年的科举考试。

到京后，他以门生的身份拜见了当朝宰相文彦博。文彦博对张载来京应试很是高兴，他说，今逢盛世，正是用人之际，望其能将平生所学报效朝廷。

"关内关外都知道你这些年在家精心研《易》，多有所得，趁这次来京，你给士子们讲一讲吧！"文彦博对张载说。

张载说："《易》理深奥，京师人才济济，研读精致者甚多，这倒是我博采众长的好机会呀！"

文彦博见张载欣然应允,说:"那我就安排人在兴国寺布置讲堂,后天上午就开始。"

讲堂设在兴国寺左侧宽敞明亮的厢房之中。布置得也很大气——为表示对张载的尊重,主讲座椅上铺了虎皮。

张载所讲,主要是他已经初步写成《易说》中的几节,中心是"天人一气"。

听讲的多是青年学子,也有在职官吏。

张载在阐发《易》理的同时,还讲了他关于"学贵以有用"的主张。

张载对三代之治十分推崇,他说,儒家倡入世之说,并非为了谋取高官厚禄,光宗耀祖,而是以此为民谋利,推行三代之治,实现开万世之太平的政治理想。他发问道:"孰能少置意于科举,相从于尧舜之域否?"受到满座的喝彩。

进京准备参加科举应试的程颢听说关西夫子在兴国寺讲《易》,很感兴趣,加上两家是亲戚关系,论辈分,应叫张载表叔,于是就约上弟弟晚上前往看望。

二程对表叔来京讲学十分高兴,并赞其见解新颖,为孟子之后1000多年来所独到。

张载听后说:"早几年就闻知二位贤侄令名,今日相见,喜不自胜。请二位回家见到令尊大人时,代我问候致敬。"之后又说,"能在京与二位贤侄相见,机会难得。还望二位不要再讲溢美之言,以便讨教。"

程颐听了忙说:"表叔快莫说'讨教'二字,否则就折煞小侄了。今日我们弟兄二人是来向您请安的,还望前辈不吝赐教才是。"

"请讲,请讲。过谦就不好了,显得生分了。"张载说。

程颐说:"小侄对大人所言'清虚一大'不甚了然。"他端起茶杯吃了一口,"立'清虚一大'为万物之源,恐未安,须兼清浊虚实乃可言神。道体物不遗,不应有方所。"他看了一下张载的眼神,又说,"表叔教人，本只是谓世学胶固，故说一个'清虚一大'，只图得人稍损得没去就道理来，然而人又更别处走。今日且只道敬。"

"这个问题我也要向表叔请教。"程颢说，"形而上者谓之道，形而下者谓之器。若如或者以'清虚一大'为天道，则乃以器言而非道也。"在程颢心中，"清虚一大"犹如"气性二分"之性一样，均不足为万物之源；只有将清浊、虚实、一两、大小视为统一，方可足以言神，也方可有体物不遗的兼体特征。

张载还没听完二程的话，就站了起来，情绪有些激动："二位贤侄所言甚是。我原以为对《易》学习心得甚多，今日方知仍为坐井观天也！"

二程见表叔谦和，说话投机，又谈了一些自己研《易》的一些心得。

送走二程后，张载好久未能入睡，在屋里踱来踱去，口中还不断轻声说着"学无止境也""后生可畏也"！

据《河南程氏外书》和《宋元学案·横渠学案》载，第二天一早，张载就来到了兴国寺讲堂。他对众人说："吾平日为诸公说者，皆乱道。有二程近到，深明《易》道，吾所弗及，汝辈可师之。"之后，便让人搬走了虎皮座椅，结束了这次讲学，专心地投入了应试之中。

嘉祐二年（1057）张载中进士第。与其同榜的还有曾巩、程颢、苏轼、苏辙、曾布等。这是中国科举史上涌现精英最多的一次。张载受任祁州（今河北蒿城东北）司法参军，不久迁任丹州云严（今陕西富县云岩镇）县令。

四、存异同关洛互补

二程在与张载的交往中，各人都感到互有很多启发，双方对如何研究《易》、《易》理的核心何在以及如何理解孔孟之道，既有共识，也有歧见，展现出了洛学与关学的同与异。其中，双方的书信往来与当面的辩争尤其值得一提。

（一）书信往来谈"定性"

嘉祐三年（1058），27岁的程颢被任命为京兆府户县主簿。第二年，张载修书与程颢，信中提出了"定性"问题。程颢结合自己对先儒思想的理解，很认真地做了回答，这就是有名的《答横渠张子厚先生书》。因为其主要讨论的是"定性"问题，也称为《定性书》。

张载是宋儒中较早提出"性与天道合一"的学人，其出发点之一就是批评佛老而张扬儒学天道之论，以"为往圣继绝学"而构建儒家完备的人性理论。

张载在信中说："定性未能不动，犹累于外物，如何？"

这是他个人的亲身体验，也是从自己的哲学理论出发提出的问题。他希望能达到定性，但由于总是受到外物的干扰而影响自己定性，不能不动。他认为"性"本来是静止不动的，但由外力的迁累而使得"性"动而不能"静"。

张载认为，人既"形而后有气质之性，善反之，则天地之性存焉，故气质之性君子有弗性者焉"。这就是说，作为人，对"性"作二分之后，就必然面临着"变化气质"的问题，其价值取向也就必然是天地之"性"。

人性问题是中国哲学的核心问题之一，儒家代表人物孔子、孟子、荀子及道家代表人物老、庄多有阐述。程颢认为，人是有情感的，必然会染有气质，但他始终坚持"性"与"气"的同一之说。他说："论性不论气不备，论气不论性不明。"

针对张载"定性未能不动，犹累于外物"，程颢说：

> 所谓定者，动亦定，静亦定，无将迎，无内外。苟以外物为外，牵己而从之，是以己性为有内外也。且以己性为随物于外，则当其在外时，何者为在内？是有意于绝外诱，而不知性之无内

外也。既以内外为二本，则又乌可遽语定哉？

程颢认为，性无内外之分，性本一源，动与静，内与外相统一，浑然如一；气与性合一，不会出现二分的状态。

很明显，二人的看法大异其趣。

其实，二人的看法各有道理，只是论述的角度不同而已。这里所说的"性"，皆为《中庸》之"天命之谓性"的"性"。问题在于，张载提出的问题，是从人生的角度讨论修身养性，从实然的层面出发，讨论如何实现应然，即使气性之人如何定于性而不为外物所累。也就是说，如何从不能定于性到能够定于性，从累于外物到不累于外物。

程颢却未正面回答，而从实然、应然的角度切入，以"气"切入论"性"，认为气性合一，以釜底抽薪的方法，从根本上否定张载的"天地之性"与"气质之性"的二分哲学前提，从而消解张载提出的问题，使人感到张载所提问题并无实际意义，达到了以"答非所问"的形式，完成了"答超所问"的目的。

程颢所论并未为张载所接受。《宋史·张载传》载，张载辞官归里后，在横渠书院，"终日危坐一室，左右简编，俯而读，仰而思，有得则识之"。其授徒讲学，"每告以知礼成性变化气质之道"。这就是说，张载虽然不再用"定性"之词，但其"继善成性"思想仍在不断发展。

但人们仍从中感知到了关学、洛学的一些异同。

首先，"性"是张载思考哲理的重要概念，是其人生论的元点或出发点，但并非其全部体系的元点或出发点。在张载哲学思想体系中，其宇宙本体是太虚或虚气统一的太和，他只是从性的角度以"天性在人"的方式讨论人生，即所谓的"天地之性"，从而回归到儒学观念，也即"道"之上。这是关学的重要内涵。

其次，洛学的核心是天理论或理本论。在《程氏外书》所载二程言论中，最为人们称道的是"吾学虽有所受，'天理'二字却是自家体贴出来"一语。朱熹对此很是称道,其在《宋元学案·晦翁学案》中大加点赞:"伊川先生言性即理也,此一句自古无人敢如此道。"可见二程虽然也是从"性"出发,但"体贴"出来的却是"天理",因而程颢说"道即性也",程颐也曾说"中也者,所以状性之体段"。这表明,"性"不仅是洛学的根本出发点,而且也是其本体论、宇宙论的基本标识。因此可以说,整个洛学,实际上就是从"性"出发,由"性即理"建构起来的。

再次,如果将关学、洛学加以全面系统的比较,总体上说二程对张载的学说是既有所继承,又有很大的发展。正如学者指出的那样,关学的本体论与宇宙论是关于客观天道的本体论与时性宇宙论,二程的本体论与宇宙论则是从人生(性)出发的主体观照式的本体论与宇宙论。因此可以说,二程是在张载所开规模的基础上另建体系,有所发明,使其更加系统、更加完备,论题也更为明确。从此,理学的出发点从关学的"天"转换为洛学的"性","性即理"的理学就此奠定了深厚之基。

(二)赞《西铭》而否《正蒙》

熙宁二年(1069),由于御史中丞吕公著的推荐,神宗召张载进京论政,他讲了行三代之治的政治理想,深得神宗认可,于是,任其为崇文院校书。当时,身为宰相的王安石欲请张载助其变法,然终以政见不一而不欢而散,加之张载之弟张戬因极力反对新政而遭贬,张载深感不安,决意急流勇退。第二年便辞官归里。

离京时他赋《别馆中诸公》诗一首,颇有些伤感:

九天宫殿郁岧峣,碧瓦参差逼绛霄。

藜藿野心虽万里,不无忠恋向清朝。

熙宁三年(1070),回到横渠的张载开始撰写蕴酿已久的《正蒙》。该书从动笔到熙宁九年(1076)告竣,前后历7年之久。

"蒙"本是《周易》六十四卦中第四卦之名，寓意启蒙，说明教育的作用。其象辞中有"蒙以养正，圣功也"之语，意谓从蒙童时就应加以教育和培养，以使人纯正无邪。张载著《正蒙》，以《易传》为依据，阐述儒学以批判佛、道，从而建立起了"气一元论"的哲学体系。文中提出"一物两体"思想，首次从世界观的高度揭示了佛教唯心主义哲学的实质，对古代朴素辩证法加以发展，开辟了中国古代辩证唯物主义思想发展的新阶段。书中有《砭愚》和《订顽》两篇，后经程颐提议改为《东铭》和《西铭》。

《东铭》《西铭》是张载为弟子制定的思想修养要点，分别贴在讲堂的东窗与西窗之侧，要他们日能所见，日有所悟。"两铭"可能问世较早，其后成了张载撰写《正蒙》的思想提纲。

《东铭》是讲宇宙论的，《西铭》则以宇宙论为起点，以人性论为枢纽，以天地为父母作喻，形象地阐述了人应具有的精神境界，即生活方式，以儒家所倡之道德及人生理想，简明地说明了人不论作为宇宙的成员还是社会的成员所应有的责任与义务，即"仁"与"孝"。

《西铭》由于以仁孝忠敬为依归，因而被张载的弟子及当时的学人以及后代儒者奉为圭臬。二程视《西铭》为道学之纲领，十分推崇。程颢说："《订顽》一篇，意极完备，乃仁之体也。"程颐评价说："子厚有如此笔力，他人无缘做得。孟子之后未有人及此。""要之仁孝之理皆备于此。"又说："《西铭》明理一而分殊，扩前圣所未发，与孟子性善养气之论同功，自孟子后盖未之见。"评价很高。

但对《正蒙》，二程却持批评态度。

《正蒙》为张载一生最重要的著作，25000余字，死后由其弟子苏昞效《论语》《孟子》篇次章句以类相从，编为十七篇。书中作者以"气一元论"为中心提出了"太虚即气""一物两体""物无孤立之理""聚而为万物，散而为太虚"等一系列重要的哲学命题。张载"气一元论"

的朴素唯物主义自然观以及朴素辩证法思想和认识论思想，对后世思想界产生了重要影响。明代王船山为《正蒙》作注，视其为儒学立论养分之来源。王夫之在《张子正蒙注》中说："张子之学，上承孔孟之志，下救来兹之失，如皎日丽天，无幽不烛，圣人复起，未有能易焉者也。"由此可见其在哲学理论建构上的重要地位。

在《正蒙》撰写过程中，张载写信与程颐商讨一些问题。程颐先后写了《答横渠先生书》和《再答横渠先生书》。

在《答横渠先生书》中，程颐说："观吾叔之见，至正而谨严。如'虚无即气则无无'之语，深探远赜，岂后世学者所尝虑及也？（然此语未能无过）余所论，以大概气象言之，则有苦心极力之象，而无宽裕温厚之气。非明睿所照，而考索至此，故意屡偏而言多窒，小出入时有之。（明所照者，如目所睹，纤微尽识之矣。考索至者，如揣料于物，约见仿佛尔，能无差乎？）更愿完养思虑，涵泳义理，他日自当条畅。"

这里，程颐虽然肯定了张载的为学态度积极谨严，但有很大的保留。首先是总体上加以否定，谓之"有苦心极力之象，而无宽裕温厚之气"；其次是批评其思维方式"非明睿所照"，而是"考索至此"；再次是批评其研究结论偏颇，"意屡偏而言多窒"；最后还婉转地批评了他的治学方法不当，希望他能"完养思虑"。

程颐说张载研《易》心得"非明睿所照，而考索至此"，意谓不是在对《易》理十分通晓、透辟理解的基础上的清明智慧所得，只是勤于用功用脑（"考索"）的结果。程颐曾说过："欲知得与不得，于心气上验之。思虑有得，中心悦豫，沛然有裕者，实得也。思虑有得，心劳气耗者，实未得也，强揣度耳！"言下之意，《正蒙》只不过是张载对《易》强思揣度的结果。

程颢一直认为"理先气后"，因而对张载在《正蒙》中说"清虚一大"为天道及"清极则神"予以了批评，指出其在学术概念上的混乱。他说：

"形而上者谓之道,形而下者谓之器。若如或者以'清虚一大'为天道,则乃以器言而非道也。"否定了张载对天道所做的"清虚一大"的规定,说明其混淆了"道"与"器"之界限,没有给"天道"下一个准确的定义,因而也无法揭示形而上的本体特色。他还联系对"神"的界定,说:"气外无神,神外无气。或者谓清者神,则浊者非神乎?"意谓神外无气,气外无神,无论清浊,都是气,怎么能只说"清者神"而否定浊者不是神了呢?由此可见二程逻辑思维的严密性。

对二程的批评,张载并没有接受和吸收,他在回信中告之以"盈幅之谕,详味三反",同时信中还谈到对孟子"必有事焉而勿忘勿助"的理解,于是,程颐又有了《再答横渠先生书》。双方的讨论涉及了哲学领域中的认识论及方法论的不少问题。

《正蒙》一书全面反映了张载学术思想的系统化和具体化,尤其是在哲学宇宙论方面,提出了前人没有论及的许多问题,体现了朴素的唯物主义思想,因而成为关学的经典。杨时说:"《正蒙》一书,关中作者尊信之与《论语》等。"可见其成就之高。

张载与二程的书信往来,一方面可以看出双方的友好关系,坦诚相见,明心切磋;另一方面也可看出双方的学术分野与治学理路的不同。但毫无疑问,这种交流对理学的发展起到了促进作用。

(三)洛阳切磋见深情

在张载的弟子中,关中"吕氏四贤"引人注目,这就是蓝田县皆进士及第的吕大忠、吕大防、吕大钧和吕大临兄弟。

熙宁九年,时任秦凤路(治所在今甘肃天水)守帅的吕大防上书神宗,称"张载之学,善法圣人之遗意,其术略可措之以复古"。于是,朝廷召张载进京。此时张载虽已重病在身,但并未推辞,他对弟子说:"吾是行也,不敢以病辞。庶几有遇焉。"言外之意,自己的政治理想有可能被皇帝采纳而得到推行。神宗召见后任命他担任礼部同知太常。不久，张载就感到自己曲高和寡，并无同道，十分孤立，加之病情加重，便辞官西归。

返关中途经洛阳时，他有意稍加停留，一是看望司马光、邵雍和程珦，老友们在一起叙叙旧；二是见一下二程，以示对晚辈之关心。

张载对二程始终充满着长辈的关爱之情，对大程为官视民如伤、小程为学穷研《易》理很是称赞。

二程深知，《正蒙》是张载思想成熟的产物，双方所见有歧，只是学术之争，并无个人成见。在年老体弱的长辈面前，不宜再加争辩，于是就有意避开哲学的问题而谈其他。

叔侄三人聊得很是开心。

张载谈到了他的《十诗》之作，说："止是欲验天心于语默间耳。"

二程解释了"穷理尽性以至于命"之含义，说："只穷理便是至于命。"

张载言："关中学者，用礼渐成俗。"

程颐谓："洛俗恐难化于秦人。"

张载见到二程很是高兴，说："昔尝谓伯淳优于正叔，今见之果然；其救世之志甚诚切，亦于今日天下之事尽记得熟。"

几天后告别，张载虽病体不支，仍颇有些恋恋不舍，取笔赋《诗上尧夫先生兼寄伯淳正叔》二首以赠。第一首是赠邵雍的。诗曰：

先生高卧洛城中，洛邑簪缨幸所同。

顾我七年清渭上，并游无侣又春风。

第二首是赠二程的。诗曰：

病肺支离恰十春，病深樽俎久埃尘。

人怜旧病新年减，不道新添别病深。

诗意虽有些伤感，但也表达了内心的欣慰，胸中充满了春风，即在研《易》方面多有所得，发前人未发之独到之见。张载对此一向十分自信，在《咏芭蕉》诗中吟道："芭蕉心尽展新枝，新卷新心暗已随。愿学新心养新德，旋随新叶起新知"。诗中以"新枝""新心""新德""新叶""新知"寓其一生所为、所得，确也是十分贴切的自照。

张载以"新"自喻，以"新"自励，以"新"自豪其实并非夸饰。将张载对儒学的贡献放在整个儒学发展史的长河中来看，这个"新"就新在第一个成功地将儒学哲学化。这个"新"影响和启发了二程，从而使儒学理学化得以完成。

毋庸讳言，张载的这个"新"也得益于与二程的交流。张载讲《易》撤椅即充分说明二程思想的深度、高度使这位表叔深感膺服，促使他辞官归里潜心从事研究。

张载病逝后，其侍坐弟子吕大临为其写了《横渠先生行状》，草稿中有一句写道："见二程，尽弃其学而学焉。"程颐看后很不满意，很严厉地批评了吕大临："表叔平生议论，谓颐兄弟有同处则可，若谓学于颐兄弟则无是事。"并要他立即删去。吕大临遂将其删去，改为"尽弃异学，淳如也"，但最后定稿的《横渠先生行状》仍有这句，程颐很是生气，当面质问吕大临：我怎么交代你的？为何还有此话？你也太"肆无忌惮"了吧！

吕大临真的这么胆大，真的不尊重张载吗？情况也未必如此。《河南程氏外书》中关于吕大临的记述很多，也有程颐的评价。其中一则记述了程颐如下一段话：凡是张载没说过的，我跟他一讲他就接受；只要是横渠说过的，此人就不改了。由此推断，张载本人很可能在弟子面前评价二程时亲口说过这样的话，否则，吕大临不会这么写，因为胡编瞎撰是对先师的最大不恭。由此可知，张载与二程在道学的切磋上是很坦诚的，双方都是非常谦虚好学的。

一、进太学伊川深造

庆历六年（1046）年底，在南安任司理参军的周敦颐升知郴县（今属湖南郴州市区）。

周敦颐作为二程向学的启蒙之师与学术的奠基之师，其学术思想对二程影响终生，二程每每回忆起他，字里行间充满着深情。程颢说："从汝南周茂叔问学，穷性命之理，率性会道，体道成德，出处孔孟，从容不勉。"从中可知，师生情谊甚笃。《宋史·程颢传》说："（颢）自十五六时，与弟颐闻汝南周敦颐论学，遂厌科举之习，慨然有求道之志。"从中又可知，二程情志受周子影响之大。

皇祐元年（1049），程珦从兴国县尉知龚州（今广西平南），在上任途中路过郴县。由于当时广西兵荒马乱，程珦征得周敦颐同意，决定将二程留在郴县继续学习，只偕夫人上任。

皇祐二年，周敦颐改知桂阳县。桂阳县与郴县交界，相距甚近，于是二程又随周敦颐到桂阳从学。在桂阳期间，二程看到当地由于农业歉收，百姓生活甚是贫苦，忧心黎庶的程颐感到有必要向朝廷如实陈情，于是愤然写了《上仁宗皇帝书》，殷切企望皇帝能"以王道为心，以生民为念"，解民于倒悬，同时"黜世俗之论，期非常之功"。并表示"愿得一见天颜，罄陈所学。如或有取，陛下置其左右，使尽其诚"。虽然上书在一些朝臣中引起了反响，以为后生可畏，但终因人微言轻，并未引起朝廷的重视，更未受到皇帝召见。

第二年年末，二程得知母亲疾病加重，便到龚州接母亲到江宁府（今江苏南京江宁区）求医。皇祐四年（1052）二月底，母亲卒于江宁，享年49岁。因程珦为朝廷命官，侯氏被封为寿安县君（后因二程名显而追封为上谷郡君）。程珦寓居江宁数年，直到至和二年（1055），方被任命为凤州（今陕西凤县）知事。于是，二程告别周敦颐，随父亲到了西北。

嘉祐元年（1056），程颢25岁，程颐24岁。程珦感到二程学业已成，应为国效力，便命二人进京应试。

同年秋天，二程回到了祖上的旧宅——开封泰宁坊。

时大儒胡瑗主持太学。

胡瑗（993—1059），自幼聪颖好学，但因7次参加科举而不中，40岁时绝意仕途，在泰州开办安定书院以授徒。景祐二年（1035），范仲淹知苏州，择南园建立郡学，聘胡瑗为教授。后范仲淹召还判国子监，在他的推荐下，胡瑗以白衣对崇政殿，受试秘书省校书郎、国子监直讲（主讲教授），晋光禄寺丞。嘉祐元年，64岁的胡瑗又擢太子中允、天章阁侍讲，仍专管勾太学。胡瑗在太学每次讲《易》，听众蜂拥，其弟子王得臣回忆说："朝廷命主太学，时千余士，日讲《易》，予执经在诸生列，先生每引当世之事明之。"

胡瑗学养深厚，开理学之先且

胡瑗像

人格高尚，时贤如范仲淹、欧阳修、司马光、王安石、苏轼、蔡襄等无不服膺并表钦敬之意。

程颐不仅对胡瑗久慕其名，而且对作为全国最高学府的太学也心仪已久，早就想前往拜见并留中就教。现在，在父亲的支持下，深造梦想终于可以如愿以偿了，心中十分惬意和兴奋。

二、闻高论胡瑗震惊

太学坐落在东京明德门外，原为锡庆院。锡庆院位于国子监以东，是接待辽国使节的宾馆。由于面积较大，设备齐全，国家还在这里举办酒宴，包括皇帝也在这里宴请宗室和百官。后来，锡庆院以东的朝集院也划归太学所有，太学遂具规模。太学在御街之东，与路西的武成王庙隔街相望。

程颐从泰宁坊出来，进城后穿过数条小巷，出明德门顺御街南行。武成王庙前有数十个年轻人正在练武，估计是各地来应武试的生员。

程颐来到太学。院内十分静谧，学生们在斋内或低声诵读，或闭目背诵。在一位老人的指引下，程颐来到了学堂前。

见胡瑗正在讲话，程颐不敢造次，便恭恭敬敬站在距窗子约一丈远的地方，垂手而听。

胡瑗虽年愈六旬，身体欠佳，但声音仍很洪亮。

"诸位多出身县学，来京深造。深造者，明儒家之旨也。故人人须牢记修身、齐家、治国、平天下之宏旨，以圣贤自期许，习明体达用之学，使人人皆成为致天下之治之人才，方可来日报效朝廷，从而安邦治国。"

室内鸦雀无声，30余名蓝衫学子个个目不斜视，端坐凝听。

"国家有法，庠序有规，古今皆然。凡吾太学弟子，均需研习经义、治事两端。经者，六经也。治事者，天文、历算、治水、治武之谓也。

诸位虽可有所偏好，但万不可有所偏废。"

他还讲了太学在学习内容及学习方法等方面的规定。太学一般上午讲经义，每次半个时辰，之后学生复读500遍。下午讲史，之后学生复读100遍。晚上讲解子书，之后学生复读300遍。

他说："子曰'学而时习之'，又曰'学而不思则罔，思而不学则殆'。对此，万望诸位务须求实，以养成善学善思之习。"

他接着又说："从进入太学第一天始，每人都须切记仪态端庄。不仅要坐如钟，站如松，更要时时处处做到非礼勿视、非礼勿言、非礼勿听、非礼勿动。"

程颐听得十分入神，胡瑗所讲，他以往闻所未闻，不觉顿生相见恨晚之憾。想着想着，胡瑗已结束讲话走出了讲堂。

程颐趋步紧跟，直到胡瑗进了厢房，才停住了脚步。约过了一刻光景，始上前敲门。

程颐向胡瑗施了一礼，"小生程颐，前来拜见先生。"

胡瑗闻听"程颐"之字，立即迎了过来。

"二公子来了，请坐，请坐！"他上下打量了程颐一番，"英俊一表，果不其然。两个月前我接到程大人托人捎的书信，说你兄弟要来京了。你父亲大人可好？"

"家父写信时还在知龚州府任上，后来接到朝廷诏书，改授国子博士，到西京监管染院。前几天又奉诏进福宁宫，皇上亲授绯鱼袋。家父说，过几天来太学拜见先生。"

"什么，程大人被皇上赐绯鱼袋了？那可是荣光无上啊！国之栋梁，国之大器也。可贺，可贺！"

胡瑗向程颐询问了一些事后，吩咐书童安排其到学斋住下，并说：自今日起，你即正式成为太学之一员了，寄宿太学，一切作息依学规行事。

第二天上午，由大儒孙复主讲《春秋》。孙复讲《春秋》以"尊天子，黜诸侯"立论，重义理而不做烦琐的考证，很合程颐之意，而且口才极好，给他留下了深刻印象。后来他在《回礼部取问状》中回忆说："孙殿丞复说《春秋》，初讲旬日间，来者莫知其数。堂上不容，然后谢之，立听户外者甚众。当时《春秋》之学为之一盛，至今数十年传为美事。"

第三天是胡瑗讲"三礼"。他说："圣人之道，有体，有文，有用。君臣父子，仁义礼乐，历世不可变者，其体也；举而措之天下，能润泽斯民，归于皇者，其用也。"他的这一"明体达用"主张，为理学的创立起到了一定的奠基作用，也深深地影响了程颐。

第四天胡瑗讲《易》。胡瑗认为，《易》道广大，以至无所不包。《易》的深厚底蕴在变易。他说，《易》晓喻人们，通天者有二，一为圣人，一为王。通天而高标王道，即可引领人生，从而实现修齐治平。胡瑗的这一思想，对时人影响极大。程颐《回礼部取问状》记载说："胡太常瑗（讲经），……学者不远千里而至，愿一识其面，一闻其言，以为楷模。……往年胡博士瑗讲《易》，常有外来请听者，多或至千数人。"

又过了几天，胡瑗为太学生讲"庠序之教"。胡瑗认为，为政以德，强社稷，富黎庶，莫过于兴学，"广设庠序之教"。他说："致天下之治者在人才，成天下之才者在教化，教化之所本者在学校。"又说："学校之兴莫过于三代，而三代之兴莫过于周。大司徒以六德、六行、六艺教万民而宾兴之。纠其有言异者诛，行异者禁。其所言者皆法言，所行者皆德行。"

他对太学生说，读"五经"、学"六艺"，根本目的是"修齐治平"，故太学生们一定牢记"经世致用"四字。为了学得更好，必须心胸开阔，志在四方，读万卷书，行万里路，切不可囿于一隅，鼠目寸光。他说："学者只守一乡，则滞于一曲，隘吝卑陋。必游四方，尽见人情物态，南北风俗，山川气象，以广其闻见，则有益于学者矣。"他要求太学生注意"衣冠容止"，衣着不可随意，行止不可邋遢。要从一言一行做起，处处严格以圣人期许。

讲完之后,他说:"诸位来京已数月,本人亦天天为尔等讲经说道,教以仁义礼乐之学。何以以圣人之教为式,以圣人之教为旨论文,因未曾布置写作,尚未见诸位心得。今以"颜子所好何学"为题,务请诸位三日内将所论呈上。"

程颐见题目是"颜子所好何学",心中暗自诧异,前几年周先生要弟子体悟"孔颜所乐何",今日胡先生又以"颜子所好何学"为题要弟子作策论,大儒们真是"心有灵犀"啊!

第三天傍晚时分,太学生们一个个都把写好的文章交到胡瑗手上。看着这一份份工整秀丽的答卷,胡瑗很是高兴。

第一个交上来的是吕希哲,自然先得到审阅。

吕希哲是翰林学士吕公著之子,年方18岁,是太学生中年纪较小者,平日好学,思维敏捷,故而第二天中午就把文章交来了。

"颜子所好何学?所好圣人之德也。"胡瑗见吕希哲文章开门见山,以德切入,感到尚好。

"颜子从孔子学。子曰:'饭疏食饮水,曲肱而枕之,乐亦在其中矣。不义而富且贵,于我如浮云。'颜子深以为然,居陋巷,一箪食,一瓢饮,不改其乐。故而圣人赞曰:'贤哉,回也!'"

"叙事简约,引文精当。"胡瑗做了旁批。

"颜子何以不改其乐?非乐苦也,乐得其乐也。颜子何以能独悟其乐,养德而寡欲也。"

"过渡自然。"胡瑗又批。

"养心莫善于寡欲。天下之难持者莫如心,天下之易染者莫如欲。善养心者,正其思而已矣。目欲纷丽之色,视思明,则色欲寡矣。耳欲郑、卫之声,听思聪,则声欲寡矣。口欲天下之美味,思夏禹之菲饮食,则口欲寡矣。身欲天下之文绣，思文王之卑服，则身欲寡矣。寡欲如此，而心不治，未之有也。"

看到这里，胡瑗不禁站起来了，连声说："好，好！"并在其侧批曰："'养德寡欲'，深得圣人旨趣也。"

谯楼上传来了二更的鼓声，胡瑗刚好看到程颐的文章。

"圣人之门，其徒三千，独称颜子为好学。夫《诗》、《书》、六艺，三千子非不习而通也，然则颜子所独好者，何学也？学以至圣人之道也。"

胡瑗见程颐首段即点出颜子"学以至圣人之道"的核心论点，立论之高，使他不禁感到眼前一亮。于是接着往下看，欲知何为程颐心目中之"圣人之道"。

"圣人可学而至与？曰：然。学之道如何？曰：天地储精，得五行之秀者为人。"

"'得五行之秀'，讲得好！"胡瑗立即在一侧写下了批语。

"君子之学，必先明诸心，知所养，然后力行以求至，所谓'自明而诚'也。故学必尽其心，尽其心则知其性。知其性，反而诚之，圣人也。故《洪范》曰：'思曰睿，睿作圣。'"

"'自明而诚'，简明，精到。"胡瑗又批道。

"故颜子所事，则曰'非礼勿视，非礼勿听，非礼勿言，非礼勿动'。故曰：颜子之与圣人，相去一息。"

"知'颜子之与圣人，相去一息'，是真知颜子也！精辟，精辟也！"胡瑗情不自禁地说。

"后人不达，以谓'圣本生知，非学可至'，而为学之道遂失。不求诸己而求诸外，以博文强记、巧文丽辞为工，荣华其言，鲜有至于道者，则今之学与颜子所好异也。"

"'不求诸己而求诸外''今之学与颜子所好异也'，概括得好啊！言简意赅，切中时弊，针砭透辟，立论高远，皆落于实也！"

程颐之论字不足一千，不仅观点鲜明，论证简洁有力，而且满篇精警之语迭现，内涵深刻，胡瑗授徒20多年而从未见有如此之作，因而感到十分震惊。

虽已三更，胡瑗一点睡意也没有。

"如此绝唱，即韩文公再世，能不击节耶？"

"真国器也，国之大器也！"

第二天上午，吕公著来访，欲让其子拜程颐为师，想来听听胡瑗的意见。胡瑗将吕希哲的卷子递上，并说："公子平日甚是用功，且肯思索，此次所论，尚属上乘之作。"说完，又把程颐的卷子递上。

吕公著刚看了一半，就情不自禁地说："真是奇文，奇才也！"看完之后，又看了一遍。

"犬子在学斋与程颐所住隔壁，前几天来时曾与之交谈，其所学所识连卑职也自愧多有不及之处，故欲让犬子拜其为师。今日见程颐所论，更感哲儿应早日拜其为师，不知先生意下如何？"

胡瑗见吕公著态度诚恳，便说："吕大人所见极是。不仅你想让公子一人拜其为师，就是我也想请其为众人之师。眼下太学正缺一学职，我想推荐程颐担任最为合适。如吕大人同意，不妨今日即可请程颐过来论定。"

吕公著听后甚是同意，于是胡瑗就让学童到斋舍请程颐过来。

"记着，别忘记把吕公子也请过来。"胡瑗对童子交代说。

程颐向吕公著施礼，说："参见翰林学士。不知大人叫学生过来有何见教？"

吕公著说："胡直讲看过你的申论，叫好不已，还说，若韩文公再世，也会击节称赞。眼下太学尚缺一学职，我二人一致同意荐你担任，望不要推辞。"

程颐一听忙说:"这可使不得,使不得。学生我入太学不足阅月,研习尚未入门径,焉敢忝任学职!"

胡瑗见程颐固辞不受,向程颐摆了摆手,说:"程颐,莫急,莫急呀!且听老夫说上几句。今之太学,学官有博士、学正、学录、学职、学谕等职,学职之责为协助学录执行太学管理之规。这些年来,学职多从生员中择学业、品行优异者兼任。以你今之学问,即为博士也不为过。"他缓了口气又说,"吕大人与老夫知你家境不甚宽裕,兼任学职,每月有薪俸若干,亦聊可解你手头拮据之困也。"

胡瑗见程颐情绪有所缓和,又说:"还有一事,你也莫要推辞。吕大人早闻你学问根底丰厚,欲让公子拜你为师,今天就当着我和吕大人之面行拜师之礼吧。"

程颐一听"拜师"二字,就慌了手脚,面有难色地说:"我与希哲共在胡先生门下同窗为学,是为兄弟,岂可为师哉!"

"程颐,既然吕大人有此美意,你就收了这个徒弟吧!"胡瑗说。

吕公著见此,一把拉过吕希哲:"我儿,有胡教授为你延师,还不快拜!"

由同窗而学生,吕希哲成了程颐一生中所收的第一个弟子。

有宋一代，从宋太祖建隆元年至宋度宗咸淳十年（1274）的300多年间，文武两科进士及其他各科登科者总人数达10多万人，是唐五代的近10倍，是明代的近4倍，是清代的近3.8倍。

宋代共举办了118榜常科考试，就取士的质量而言，宋仁宗嘉祐二年（1057）是最值得一提的一次。

程颢为嘉祐二年进士。

在这榜进士中，有成就者可谓空前绝后，《宋史》为之立传者24人，其中9人曾为宰相，他们分别是王韶、郑雍、梁焘、吕惠卿、苏辙、林希、曾布、张璪、章惇。

在这榜进士中，其学术成就彪炳史册者也令人目不暇接，除理学鼻祖程颢及弟子朱光庭外，文学上唐宋八大家中有三，即苏轼、苏辙、曾巩，还有关学的创始人张载及其弟子吕大钧。

一、入仕途户县主簿

陕西户县位于关中平原腹地，东临长安，北濒渭水，气候温暖，土地肥沃，宋时属陕西路京兆府京兆郡。

（一）吟风弄月终南山

嘉祐三年春，27岁的程颢被任命为户县主簿。主簿为州府郡县掌管文书、办理迎送等事务方面的佐吏，有时作为主政官之助手，承办一些重要事务。

程颢到任后拜见了知县、县尉及一些同人。

县令见新科进士谦逊知礼，心中感到有三分踏实。

"主簿先生来过户县吗？"县令问。

"回大人，"程颢说，"在下自幼长在黄陂，只是上年父亲知凤州时才得以到关中一走。"

知县说："下官曾在凤州小住，彼处为通往蜀中必经要地，然道路实在难以行走。"他呷了一口茶，"户县沃野百里，北有渭水，南有终南名山，物产丰裕，风光秀丽，民风淳朴，要比凤州好多了。"

"这也是知县大人治理有方啊！在下甫到，还望大人多加垂训！"

"岂敢，岂敢！垂训说不上，有难决之事向敝人说就是了，我毕竟是人熟地不生嘛！你住下之后，这几天先出去走一走，看一看山河风光，了解一下乡风民情。公事嘛，静下心后慢慢处理就行了。"

程颢回到馆驿后，书办前来问候："大人有何吩咐？"

程颢说："知县大人让我先在县内走走，依你之见，先到何处为好？"

书办说："与中原相比，小人觉得终南山风光独秀，大人不妨先睹为快。"

第三天早饭后，书办雇了两匹马，陪同程颢出县城甘亭镇南行。一路上绿野广阔，阡陌交通，鸡犬相闻，一派升平祥和景象。

"大人，听说咱县古时候是一个国，真的吗？"书办见程颢兴致很高，便开了腔。

"你也听说过？不过，那已是3000多年前的事情了。"程颢回过头看了书办一眼，"当时户县这块地方为有扈氏国，是大禹所建大夏的从属邦国。咱们户县的名字就是从那时传下来的。"

"甘亭就是国都，也是真的吗？"

"那是后来的事情。商朝时，这一带崇国势力大，甘亭、甘盘等小国都受制于它。西伯文王伐崇侯虎，拿下崇城后，很快在这里营建了丰邑，并把国都从歧下迁了过来。当时，丰邑名义上属于商，实际上成了周的政治中心。几年后武王伐纣，就是在这里开的誓师大会。"

听到这里，书办说："听大人这么一说，我明白了。《诗经》曰'既伐于崇，作邑于丰'，写的就是这件事吧。"

"正是。你说得不错。"程颢见书办能背《诗经》，心里有些喜欢，也念道，"文王受命，有此武功。既伐于崇，作邑于丰。文王烝哉！"接着说："《诗经》既是诗，也是史啊！"

书办见眼前的主簿一点儿也没有官架子，虽乍来初到，却使人感到犹如故人一般。今天两人一起走路，一起聊天，是个难得求教的好机会。

"大人，请原谅小人无知与多嘴。听说周文王除建丰邑之外，还在咱这里建了镐京。这也是实有其事吧？"

程颢一听笑了。

"你弄错了。丰邑是文王所建，在沣水之西。镐在沣水之东，而且那是后来武王所建。作为西周之都，史书上并称丰镐。"

书办有些脸红，解释说："大人明鉴得是。不瞒大人说，卑人自幼喜读诗书，只因家贫，无力从学。《诗》三百，也只是晓得一二而已。"程颢忙说："不妨事，不妨事！你还年轻，以后多留意些也就是了。"

书办见程颢并无指责之意，忐忑之心一下子便没有了。接着说："大人初到，这两天先到终南山看看，过些时我再陪先生到东边走走，看看沣水河畔的秦渡镇吧。"

一听到"秦渡镇"三字，程颢又来了兴致。

"秦渡镇可是闻名遐迩的关中名镇呀！听说是商贾云集，繁华得很！不知镇北的周文王灵台还在否？"

"文王灵台倒是还在，只是已经破败不堪了，很少有人前去瞻仰。不过，秦渡镇的米皮可是关中最闻名的小吃，俗话说'乾州的锅盔岐山的面，秦镇的米皮绕长安'，来品尝的人多得很呀！"

程颢听后叹了口气,没有再问。

傍晚时分,二人来到了终南山下,在一农家住下。

第二天,二人把马匹寄存于农家,徒步进山。

他们游览了太平峪。

这里层峦叠嶂,奇峰突兀,沟壑纵横,飞瀑乱流随处可见,鸟鸣水喧声声入耳。林中画眉、长尾雉翩翩起舞,青羊、羚牛穿梭追逐。

山间的崎岖小路时断时续,潮湿的青苔几次让他们几乎滑倒。山中除高大的落叶松、红桦之外,还盛产多种药材,如五味子、菖蒲、首乌、猪苓、寸香等。程颢不时弯下腰摘拔,有时还闻一闻、嚼一嚼。

"这里的草药很地道啊!"程颢不禁称赞道,"你知道种类有多少吗?"

"听街上的郎中说,可能上百种吧。"书办答道,"咱这里有句顺口溜,说是'从南坡到北坡,除了稗草都是药'。"

程颢一听乐了。"这可是一大宝呀!老百姓有病能治,山民也有钱花了。"

转过一个不大的弯,他们来到了隋唐皇家所建的太平宫遗址前。目睹眼前的断壁残垣,环视四周的淙淙流水,感受着丝丝的凉意,程颢似乎看到了昔日的帝王后妃、王公巨卿在这里消夏的情景。

顿时,他想起了老杜的《可叹诗》:"天上浮云似白衣,斯须改变如苍狗。"不由得感叹了一声:"海桑陵谷,海桑陵谷!不过才三百春秋啊!"

第三天,他们又游览了观音山,看了悬空亭,之后登上了朱雀崖,攀上了"终南第一山"的紫阁峰。紫阁峰海拔2150米,据说当年李白登此山,见绝壁如削,紫气缭绕,宛如楼阁,即赋诗歌咏,后人遂称此山为紫阁峰。

返回县城的路是官道,两侧树冠如盖,掩映成荫。枝条碧绿、叶片鲜黄的金叶槐在阳光照耀下显得十分精神。

望着路两侧绿油油的麦田和不时映入眼帘的野花，程颢浮想连翩，思绪难以平静。他不时转过身来，回望昨日身临其境的终南山。横亘无际的秦岭之脉巍然屹立于八百里秦川，气势峥嵘。

大好山河实在美啊！

程颢松开了缰绳，信马前行，不经意地对书办说："唐人吟咏终南山的诗实在多，你是户县人，知道有吟咏咱们户县的吗？"

"回大人，不知道。"

"哦。那我就给你说一首吧。李白就有一首是咏唱户县的。"

"大诗人来过咱户县，还写有诗？"书办有些不解。

"我不是说李白来过咱们户县城，而是说他的诗《望终南山寄紫阁隐者》是咏唱户县的。"程颢让马停下，回过头来，一手勒着马缰，一手指着东南方向说："诗中的'紫阁'，是终南山中的一座山名，就是我们昨天去过的那个山峰，在咱们户县的地盘之上。每当旭日东升，一片朝霞如紫气蒸腾，山峰状如楼阁飘浮于祥云之中。因而老百姓都叫它紫阁峰。"

说到这里，程颢想起了当年周敦颐先生关于"吾与点也"的讲解，沐浴着关中明媚的阳光，欣赏着这不尽的春风，他似乎也走入了向往已久的理想天地，心中甚是轻松，不由得吟咏起李白之诗：

出门见南山，引领意无限。秀色难为名，苍翠日在眼。有时白云起，天际自舒卷。心中与之然，托兴每不浅。何当造幽人，灭迹栖绝巘。

书办见程颢几近手舞足蹈，于是说："先生，今日风和景明，咱们不光是吟咏古人之诗，你也来一首吧！"

"你这个想法很好！"

回到住处，程颢顾不上洗脸、掸尘，便在书案铺上宣纸，一挥而就：

> 云淡风轻近午天，傍花随柳过前川。时人不识予心乐，将谓偷闲学少年。

这是他出仕为官来到户县后的第一次"吟风弄月"。他反复吟咏了两遍，尚觉满意，于是又落笔为该诗拟了一个题目：《春日偶成》。第二天，又成诗一首，名《游紫阁山》。诗曰：

> 仙掌远相亲，萦纡石度桥。暝云生涧底，寒雨下山腰。绿色千层乱，天形一罅遥。吏纷难久驻，回首羡渔樵。

（二）据情推断破疑案

从终南山回来后的第三天，县令来访。

原来，县里发生了一桩疑难案件。

半月前，终南山张家村有一青年前来告状。青年名叫张三昌，其父名叫张春榆。张三昌说，自己两三岁时，叔叔张春槐因房屋倒塌无处住，就向其哥哥张春榆借房，哥哥就把一个空宅院借给了他，这一住就是20年。前些时，叔叔想在院子里挖一个地窖，让张三昌前去帮忙。没想到挖出一个小罐子，里面有几十枚铜钱。张三昌说，这是他父亲当年埋下的，应归他。张春槐说，这是他前些年自己积攒而埋下的。

县令说："此案由县尉审理，但因双方都拿不出证据，就搁置了下来。主簿先生，你是新科进士，见过大世面，你就帮他一把，把这案子审一下吧！"

程颢心里明白，案件之事不属他管，这不是分内之事，但有碍于知县亲自来讲，必是认为县尉无能为力，加之自己初来乍到，也不便推辞。

于是，他谦让了两句之后说："既然大人信得过在下，我就越俎代庖了！"

"哪里，哪里，何谈越俎代庖，明明是助人解困嘛！"县令说完站了起来，问道，"你有何要求，尽管说来。"

程颢说:"这样吧,是不是明天请皂役带我先到张家村去看一看,以便心中有数。"县令忙说:"这好办,我回衙后就吩咐他们好好准备。"

第二天,程颢到张家村看了一下挖出铜钱的院子,又向其乡邻们询问了张三昌、张春槐的家境及平时为人处世的情况。

案子审理在县衙大堂进行,不少闲人闻讯前来看热闹。

大堂上,程颢坐在中央,左边是文书,负责记录口供,右边是书办,协助程颢审讯,负责维持现场秩序。堂口两侧各站两个衙役,手持水火棍,随时准备听从主审大人的吩咐。

"咚、咚、咚",三声鼓响之后,审讯开始。

程颢首先唱名:"原告张三昌!"跪在左边的张三昌应声道:"小人在。""被告张春槐!"张春槐也应一声:"小人到。"

"原告张三昌,你告何人,所告何因,据实讲来。若有半点谎情,本官定然不饶!"程颢正色说道。

"小人张三昌为终南山草民,从不欺天,更不敢有半句谎言哄瞒大人。"张三昌一面回话,一面用手指了一下张春槐,"所告之人是叔叔张春槐。小民两三岁时,叔叔张春槐因山洪冲毁了房屋,一时没有住处,便向小民父亲张春榆借房。当时,父亲把喂养牛羊的后院借给了他,这一住就是20多年,一直到父亲故去,也未有归还。我念在嫡亲一家,也没讨要。一月前,叔叔在院内挖地窖,让我去帮忙。没想到才挖了不到三尺深,挖出小罐一只,内有铜钱数十个。老爷,这院子原本是我家的,只有父亲或母亲才能埋下,叔叔有旧宅一座,岂能将钱埋于我家院中。故此,此钱应属我家无疑。望大人明察。"

"被告张春槐,你说此钱应归于你,是何道理,如实讲来!"

张春槐连忙叩头,说:"大人是青天,小人就是吃了老虎胆,也不敢欺哄大人。"

049

"张春槐，我来问你：你家贫穷，至今无力盖房，哪有多余之资埋于地下？"

"回老爷，自我借兄长之房后，一心想自己建房。前些年，我上山伐薪，养了几只羊，还挖了一些草药，省吃俭用，才有了这点积蓄。"

程颢说："我再问你：这钱你埋了几年了？"

"已有5年之久。"

"嘿，嘿，嘿！"程颢冷笑了三声。

"大胆刁民，一派胡言！张春槐，你是想钱想疯了吧！据乡邻所讲，你虽伐薪采药，但也只是三天打鱼两天晒网，并不十分卖力，所有进项，也只不过能维持生计而已，何来盈余？"

众人听到主簿大人冷笑并喝斥张春槐，一时有点发蒙，都伸长了脖子，屏息而听。

"书办，将所挖铜钱拿来示众！"

书办从案上拿起铜钱，放在木盘上，让皂役端给大家传看。

有七八个人把钱拿在手中，看了又看，摇了摇头，又放进了盘子中。

"也就是普通的钱嘛，也不会说话。"有人小声议论。

程颢对看过钱的两位老者说："您二位上了年岁，经历的事情多，可看得明白？"

"小人愚笨，尚不明白。"

程颢站了起来。

"诸位皆知，当今官府大约每隔五六年即要铸钱一次，也就是说，国家之货币，五六年就可流通天下。现在是大宋嘉祐三年戊戌，市面上使用的钱多是嘉祐通宝或是皇祐通宝。刚才张春槐说他是5年前埋下的钱。5年前是皇祐五年癸巳，那时市面上通行的钱多是皇祐通宝或是庆历通宝，对吧？"

大家纷纷点头。

程颢从盘中检出一枚钱,擦了一下,用手捏着举了起来。"列位父老请看,罐中所藏之钱,都是天圣年间所铸,距今已二三十年了。昔时,张春槐吃了上顿没下顿,何来盈余埋在地下?即使如他所说这几年有些收入,埋在地下的也只能是皇祐通宝或是庆历通宝,天圣通宝何来之有?"

"嘘——"众人长出了一口气。

张春槐一下子被问住,瞠目结舌,无言以对。他感到有些不妙,浑身发抖,连忙一个劲儿地磕头:"是小人糊涂,鬼迷心窍,还望大人开恩,饶恕小人!"

"咳!你这个叔叔是怎么当的?不感恩报德,还想夺人钱财,你白披了一张人皮!"

"公堂上还想欺哄青天大老爷,真是赖蛤蟆想上天呢!"

书办见群情有些激愤,连忙大声喊道:"安静,安静,听大人宣判!"两边的衙役也将水火棍一举,齐声吆喝:"肃静,肃静!"

程颢拿起笔来写了判词,之后拿起惊木,"啪"的一声拍在案头,宣判道:"青天白日,朗朗乾坤。昧心欺侄,伤天害民。国朝法度,礼信义仁。廉耻不顾,何以为人!钱归三昌,褒善护醇。春槐狡诈,品行恶混。责打十板,轰出衙门。"

程颢用了不到半个时辰就结束了这桩县尉不敢碰的案件,消息很快在县城传开了。

知县听说程颢将案子做了了结,忙让人叫了县尉,一道看望程颢。

"程大人,年轻有为啊!"刚一见面,知县就对程颢抱拳一揖。

书办请三位长官落座,说了一声"请用茶",就退到了一旁。

知县呷了一口茶,满面笑容地对程颢说:"不瞒先生说,此案虽然不大,我和县尉议了好几次,真是狗吃刺猬,无法下口啊!先生今日一朝理顺,使我二人大开眼界,然茅塞未开。今天急急赶来,实为愿闻高见啊！"

县尉也随声附和："请主簿先生多多指教，多多指教啊！"

程颢说："两位大人如此诚恳，实让程颢受用不起。既然大人问起，在下也就坦言相吐，如有悖处，望请不吝指谬。"

"请讲，请讲。"知县说，"我三人能供职一县，也是缘分嘛！不必客气了。"

"审理案件，重在知情全面，证据充分。此叔侄争讼一案，双方均无实据，也无人证而全凭口说。鉴于直接证据全无，在下便要用心去寻找间接之证，即寻觅推理之据。"

"何为推理之据？"知县不解。

"推理之据者，依事情发生之可能与不可能，寻绎应然之据也。依常理，凡案皆有直接之证及间接之证。然证据有明有隐，明者毋庸推理即可直观说明与案件之关系；隐者须与他据相配合方可说明与本案件之关系，中有薄雾障眼，务须摘拨。本案关捩之点在于埋钱时间及所埋币类，原告、被告各有供词，若与关捩之点乖悖，便知其为谎言无疑也。"

"然先生是如何寻绎推理之据？"县尉问道。

程颢欠了欠身，转过面来说："大人办案多年，经验甚多，相必明晓，凡证据，须具客观、关联与合法三特性方立。这其中之关联性内涵极广，奥妙也最多，既有明亦有隐。审案者须仔细扒梳，在诸多不可确定因素中，几经演绎，寻找出对案件具有可定性之因素，使应然之据成为实然之据。"

程颢起身给知县和县尉续茶，之后又说："在下曾前往张家村调查，得知张春槐并非勤劳善于理财之辈，家徒四壁，向无积蓄，心中已有三分底细；又见钱币为20年前之物，则已知所藏断非其财，心中已有八分底细。"

"高明，先生高明啊！"知县竖起了拇指，又对县尉说，"主簿先生才高八斗，下官自愧不如，今后咱们皆须多向先生求教才是。"

二、吝黎庶上元新政

嘉祐五年（1060），户县的元宵节十分热闹，知县特请京兆知府大人前来观赏。

知府在县城内走了一遭，对该县几年来五谷丰登、社会太平夸赞了一番。之后说："贵县升平，知县大人政绩优卓，众人皆知，程主簿也功不可没，有口皆碑。下官回到长安，即便向朝廷保奏，举荐二位迁升。"

二月初二这天，程颢刚到公堂，就听书办说知县大人到了。

知县见了程颢就是一揖："恭喜，恭喜呀！"程颢感到莫名其妙，连忙还礼。还未坐定，程颢就问："大人莫非已获升迁！在下也恭喜呀！"

知县一听就笑了。"刚才接到知府大人传来的口信，说朝廷已决定调先生至上元县，先任主簿，再知县事，不日诏书即到。今天是二月二，龙抬头，良辰吉日啊！先生荣迁，前途无量，下官岂能不来道贺！"

程颢站了起来："岁月如白驹过隙，卑职在户不觉已经三载。几年来，多蒙大人抬爱，在下才有今日，行将离去，请大人受我一拜。"

知县见此，连忙上前扶起程颢："先生近日可将公务对书办略作交割，待圣诏送达，下官与县尉再来为先生饯行。"

（一）抑兼并釜底抽薪

在书办陪同下，程颢前往赴上元任。途中，回到洛阳家中停了3天，一来看望父亲和弟弟，二来祭拜祖茔。

10天后，一行人到了六合县。六合为金陵之北大门，素有"冀鲁之通道，军事之要地，江北之巨镇"之誉，是大江南北陆上交通的必经要冲。

书办问："先生，已到建安军六合县，我们从何处渡江？"

"从通江集！"程颢不假思索地答道，"从那里可直达上元燕子矶。"

"燕子矶？燕子矶有名得很啊！"书办道。

"是啊！"程颢说，"江水出三峡，过荆楚湖湘，穿徽苏入海，郦道元称有三大名矶，即湖湘岳阳之城陵矶、徽州马鞍山之采石矶及金陵之燕子矶。三矶之中，以燕子矶为最，故称'万里江水第一矶'。此处山石直立江面，三面临空，滔滔江水，拍岸击石，波涌连天，滚滚而过，浩渺无际，甚为壮观。你身居关中，难得有此机会一睹江水，故而我特选从此处过江。"

二人说着，来到了码头。

渡口有数只小舟，也有稍大些的船只。书办挑了一只稍大的篷船，船上有两个艄公，老者约60岁开外，年轻人约十六七岁的样子，看上去好像一家子。

"嗨——，开船啰——"

程颢刚刚坐稳，小艄公一声吆喝，随着竹篙轻轻一点，船便驶离了码头。

船在波涛中微微颠簸，老艄公双手把舵，年轻人放下竹篙，开始摇桨。

"太阳出来啰儿，喜洋洋哦，朗啰……"远处传来了歌声。

小艄公一听，来了神儿，说："爷爷，是双喜他们过来了。"

小艄公向远处喊了声："小双……"接着也唱了起来，"太阳出来啰儿，喜洋洋哦，朗啰。摇起小船儿，朗朗扯，光扯，过大江哟。大江东去啰，白茫茫，不怕浪大啰，怕虎狼。朗扯，光扯，怕虎狼哟。……"

书办一听"怕虎狼"三字就乐了。转过头对老艄公说："老丈，我们西北山里头有虎狼，你们江南水乡泽国也有虎狼？"

老艄公连头也不回说："有，水乡也有虎狼。不过，这里的虎狼跟你们那里的不大一样，西北山里的虎狼是四条腿，吃鸡叼羊；这里的虎狼是两条腿，光吃人！"

书办听老艄公话中有话,便不吱声了。他看了程颢一眼,程颢示意他问下去。

"老丈,有虎狼不要紧的,我们身边这位先生有些本领,专会捉虎擒狼!"

"什么?你们会捉虎,会擒狼?"老艄公松开手中的舵,回头打量二位客人。

"不瞒二位,这位先生就是要到上元县上任的程大人、程主簿!"

程颢站了起来,对老艄公说:"听你刚才所言,莫非县里有贪官污吏鱼肉百姓?"

"大人到县上以后就知道了,不是酷吏,是地老虎,地老虎呀!"

"地怎么变成老虎了?"书办问。

"这两年朝廷提倡兼并土地,一些乡绅富户变着法子让穷人把土地卖给他。春天来了,青黄不接,家里人口多,若再有患病者,就只有卖地一条路可走了。今天卖一亩,明天卖两亩。眼睁睁地看着地没了,干着急,没法子啊!"

"你家里呢?"程颢问。

"我家2个儿子,2个孙子,1个孙女,加上婆媳他们,9口人。原来有将近20亩地,用这只小船摆个渡,挣几个零花钱,一年下来,还能填饱肚子。只是老伴去年得了一场大病,没法子,卖了6亩地。这不,今年后半年就难过了啊。"

"像你家这样卖地的,村里多吗?"书办问。

"像我家有了大病卖地的,倒也不多,估计有二成。"

正说着,篷船到了燕子矶。慢慢地靠了岸,岸右侧有巨石临江,程颢举目望去,"吞江醉石"四个大字十分醒目。

程颢吩咐书办把行李拿下船,把摆渡费交给小艄公,回头对老艄公说:"老人家,下官的脚还没有踩上贵县之地,心里诸事不明,也很难像刚才小阿哥说的那样帮忙。不过，今日有缘相识，若有用得着下官之时，可到县上找我就是了。"

老艄公一面说感谢的话，一面指着江堤下不远的一个村庄说："前面那个村子，离此处不过3里，叫作栖霞村。老汉姓吴，孙子小名叫么娃子，就住在村子东头，先生若再渡江，传唤一声便来。"

第三天午后，知县请程颢到县衙，说是晚上为其接风，并邀户县书办同席。

酒过三巡，程颢回敬。知县道："我与户县知县本是同榜，又同为蜀中新都人氏。前日书办先生为其捎书一封，下官已尽展阅。书中无他，满纸尽是称誉主簿之词。程主簿不仅满腹经纶，为当今硕儒，且多谋善断，诚为良吏，国之栋梁。"

程颢闻此，连忙从座中站起，连连摆手："大人客气了，也过誉了。在下不过一介书生，还望各位同人关照才是。"

知县道："先生快请坐下。诸位皆知，上元、江宁同府所辖，同城而治，声气相连。故而今日也请江宁知县到席，一来与程主簿见上一面，二来他也想听听程主簿治县之高见。"

主陪席上的江宁知县站起来，与众人施礼。

知县道："上远、江宁本鱼米之乡，百姓安居乐业，向无冻馁之虞。近两年来，城乡土地兼并加剧，农夫失地，遂致入市乞讨者日多，流离失所者随处可见。常此以往，如何了得，故卑职与江宁大人深感忧虑，多次同往诉于知府大人。知府大人也只是扼腕而叹，并无良策可施。主簿先生来自京兆重地，特请拨云见日，不吝赐教。"

江宁知县也欠身说道："江宁、上元两衙近在咫尺，如同一家，故请主簿先生不必客气。"

程颢见上元、江宁两知县对土地兼并一事所见相同，也就放下了心中顾虑，说道："在下前日来到贵地，所见沃野肥美，春光明艳，甚是高兴。然也见市井面有菜色及衣不蔽体者，街谈巷议，对富户乡绅强买田亩之举甚是不满。往岁在东京及京兆之地，亦闻朝廷实行'不抑兼并'之策，然地方多无动静，故而百姓生活尚无大虑。上元田亩兼并之事鄙人虽有所闻，然尚属支离破碎。愚意，请二位大人容在下近旬到各处一走，详察其为害之弊，待梳出条理，呈于二位大人酌处为好。"

上元知县深知此事须从长计议，便说："程主簿所言极是，那就有劳了。"

半个月之后，程颢将所见所闻上报了知县。文曰：上元田亩兼并，"田税不均，比他邑尤甚。盖近府美田，为贵家富室以厚价薄其税而买之。小民苟一时之利，久则不胜其弊"。解决的办法是"抑并均税"。

上元知县看后，带着程颢来到了江宁府。

江宁知府道："实不瞒二位，'不抑兼并'之策虽是国策，然若不纠其偏，必于县、于府、于国皆为不利。程主簿如有高见，不妨直言。"

程颢将十多天来了解的情况向知府一一做了陈述。

一是富户巨绅土地兼并，已使五分之二左右的自耕农户沦为佃农，他们生活窘困，食不果腹，不少家庭处于崩溃边缘。此为县域内潜在之最大也是最危险的不稳定因素。

二是富户豪强依仗地方势力，上下勾结，隐瞒土地，少交田赋。有司不察，反令失地者依原有田亩数额纳粮，贫者负担愈重，不仅逃亡者日多，也造成了国库空虚。

三是目前实行的免税免役之法漏洞甚多，一些中小富户托庇于官绅及豪强之家，以向其交纳钱粮为诱饵，伪立契文，假称土地典卖，免向官府纳粮服役，致使府县政令不畅。

四是自然灾害使贫困者雪上加霜，官府救灾赈灾不力，程序繁杂，致使惨象迭有发生。

知府见程颢对民情如此了解，连连点头，并以询问的口气对上元知县说："看来程主簿是位把脉医病之高手啊。其所言皆中积弊，贵县当何以处置？"

"此事之处，由大人定夺才是。"上元知县说，"程主簿，知府大人也是个从谏如流的父母官，你就直言吧！"

程颢说："知府大人如此开明，既是百姓之福，也是社稷之幸。'不抑兼并'之弊虽多，然为朝所定，我等臣下只可纠偏，不可推翻。愚以为，眼下应以'不禁严限'为宜。即不论富户官绅，一律不得并购人均三亩以下之家田亩。强豪不并，贫困之户也就卖不成了。此即'釜底抽薪'也！"

"好一个'不禁严限'，好一个'釜底抽薪'！可行，可行！"知府不禁喜行于色，"程主簿，说下去！"

"至于另外措施，当从别论。古人云：'民惟邦本，本固邦宁。'三代之政，周为最善，为政以德。要爱民、富民、吝民、恤民。愚以为赈贫、赈灾尤须提上日程，且亦应有章可依方好。"

江宁知府是个急性子，听到这里，站了起来。"上元大人，程主簿所言极是，本府心中全然明白。你即刻回县，拟出文告，遍贴城乡，从本日起，任何人不得兼并人均三亩以下之家田亩，违者严惩不贷。若朝廷怪罪，概由本府具文申辩。至于查处漏瞒税赋、赈济贫困之事，过几日你我再议。"

第二天，上元县各要道通衢贴出了一张张告示："奉江宁府令：田亩为生计之本，即日起，凡兼购田亩者，不得向人均三亩以下之家求售，违者严惩不贷。此谕。上元知县某。"

此告示一出，全县哗然，庶民及贫者无不称誉，也有少数富户乡绅尚不以为然，欲摇其事，后经制裁，方无一人敢不服者。当年六月，也得到了朝廷肯定，命天章阁待制张揆总结江宁做法并在各地推广。

翌年清明，程颢陪知县到乡下劝农。

栖霞村头，老艄公和儿子正赶着水牛在耕田，见程颢来到，忙从泥水中来到路边。

"给老爷请安！"老艄公说着来到他们跟前，"请大人们到舍下吃杯茶吧。"程颢对知县介绍说，去年过江来时，就是乘坐他们的船。

知县问了百姓的日子，特别问了田亩。艄公说："自从去年县衙贴出布告后，村里再没有贫民卖地者。就是小人前年所卖稻田，也已赎回了一半。"

辞别老艄公，程颢与知县顺着大道走上江堤。

大道两侧的柳树早已绽绿，柔嫩的丝条在空中摆荡。远处的油菜已经吐黄，在微风中泛着金波。江面上白帆点点，不时还传来阵阵渔唱。

"程主簿，今日劝农，所见一派升平，百姓安居乐业，下官甚是高兴。只是本人拙于文辞，无诗为纪。你可不能没有吟咏啊！"知县说。

"还是大人先诵的为好。"程颢说。

"好，好。我格律不行，就来四言的吧。"知县说罢念道，"皇恩荡荡，风和景明。物阜人寿，五谷丰登。凤凰来仪，天下承平。四海永固，有我江宁。"

随从人员听了，无不称好。

"见笑了，见笑了。权当抛砖引玉吧。"知县很有些陶醉。

"还是大人胸襟阔大，登高望远啊。"程颢说，"那我也就献丑了。叫作《春日江上》吧。"稍停了一下，程颢望着远山吟道：

新蒲嫩柳满汀洲，春入渔舟一棹浮。

云幕倒遮天外日，风帘轻飏竹间楼。

望穷远岫微茫见，兴逐归槎汗漫游。

不畏蛟螭起波浪，却怜清泚向东流。

（二）身担当不辞获咎

嘉祐七年（1062），光阴荏苒，程颢在上元主簿任上不觉已两年有余。

一日，江宁府发来公文，上元知县调任他府，由程颢代摄邑事。

上元为大邑，案件较多。知县虽也聪敏，只是阅历老道，有时办事不免耍点滑头，疲于省览，因而给程颢留下了一些积案。

程颢请县丞等人前来商议。

县丞说："知县大人所留积案，多为无头案、人情案。大人只要秉公处置，焉有跨不过之门槛！"

程颢问："何为无头案？何为人情案？"

县丞道："大人容禀。"接着，他举例说，县城东关张大户买地欠款案，因张大户的舅舅在京为官，知县便久拖不问。据我所知，其舅舅并无包庇之意。李家村邻里打架案，因涉及乡绅李万金之子，也是久拖不问。二十五里店开饭铺的牛寡妇奸杀案，因涉及赌徒刘老四，虽案情分明，然至今未能收监，故其儿子牛老虎常来堂前叫冤。

程颢听此，心中已有了底。

第二天开堂，先传张大户。程颢判曰：着张大户五日之内将所欠李乡绅田亩之款结清。若拖赖不还，杖二十，拘押半年。李乡绅可将田亩收回，所欠官府税赋，从张大户秋粮中收缴。

再传李万金之子李二富。程颢判曰：着李二富陪偿伤者医药费两千钱，误工费五百钱。五日内结清。若拖赖不清，其父李万金负连坐之责，杖二十，拘押半年。

再传牛老虎。程颢判曰：着县尉即派捕快捉拿赌徒刘老四收监，其同伙者一并关押，公文上逞有司，待核准后处决。

未出一旬，上元县积案清毕。不阅月，民讼大减。

入夏，江南天气渐渐炎热。刚插过的秧苗很快就返青了，长势良好。

六月末，上元连降大雨。大雨给人们带来了一丝凉意，更带来了丰沛的雨水。但也不断有坏的消息传来。

土桥村的塘堰冲垮了。

麒麟陂、汤山陂决口了，还冲垮了两家民房。

湖熟镇、淳化镇、上坊镇有两千多亩田埂全冲垮了，还冲走了几家的水牛。

程颢心急如焚，很想前往视察。可是暴雨突发，洪水肆流，已无路可走。

三天后，雨过天晴。程颢忙率人到几个村镇查看，之后把司库叫了来。

"我已看了十几处村镇，陂塘、堰堤水毁严重，所蓄之水已无。县西部几个村子的稻田中已无水可存。请你好生计算一下，尽快把修复堰陂之款分发到位，以便早日复堤，及时蓄洪，供水保苗。"

可是手下说："拨款复堤，这件事你我可做不得主啊！"

程颢不解。

司库解释说，陂塘复堵，朝廷有明文规定，须层层报批。需人工多少、钱粮多少，州县要把情况报到府上，府再报到漕司，经核准后方可动工。"计功调役，非月余不能兴作。"

程颢说：眼下正值盛夏，也是水稻成长旺季，不可一日无水。如按常规，禾苗定尽被烈日烤焦，全县也必将颗粒难收。"若如是，数万百姓何以糊口，城乡上下何以为炊？"

司库说："然若动工，非千人不能塞者，所费甚多。一旦朝廷降罪，何以为是？"

程颢毫不犹豫地把手一挥，说道："救民获罪，某在所不辞也！"

在程颢的指挥下，以七个村片为重点，集中人力，以工代赈，不三日，上元陂塘，全部修复，并很快蓄足了水。

是岁，上元大熟。程颢之举，也得到了知府之首肯。

上元县不仅是鱼米之乡，也是水陆交通要冲，每年经江宁到丹徒、镇江的水上运输十分繁忙。水运除艄公、船夫之外，还需要大量的装卸工、搬运工和纤夫。为使运输畅通，上元县设有河运处，负责青壮劳力的补充和救治患病者。

一日，程颢到河运处视察。

在一处较宽的河岸上，搭建了两排简易的稻草房。一位郎中正在给几位面黄肌瘦的役夫看病。

程颢走了过去，正要问病情，只见几个人将草席卷裹着的一个人往外抬，另有一个满脸乌青的人，仰卧着躺在一旁，奄奄一息。

"他怎么啦？往哪里抬呀？"程颢问。

看到是程知县，一位瘦骨伶仃的人忙走了过来。"禀大人，是一位纤夫，已断气半个时辰了，抬到坡前去埋掉。"

"得的什么病？"

"病倒不重，痢疾。主要是用药晚了，又加上两天没吃饭。"

程颢走进棚屋内，见还有二十几人躺在那里。

"他们也都有病吗？"

"他们主要是发烧，有水喝，还能支持一两天，若再没粥吃，恐怕也难撑几天了。"

见此情形，程颢心中十分沉重。

回到衙内，程颢把县尉请来询问情况。

"我已经去江宁府两次了，他们说稻米很快就会送来，已经三天了，还没有见供应券发下来。"县尉说。

"明天我再去催问一下吧。"程颢说，"不过，看来要解决问题，还得从根本上改变供应制度。"

程颢向漕司上报了公文。

长江南北的几处小营子听说程颢向上峰递了呈文，也纷纷具实陈情。漕司接到这些呈文后，将原来先报留营人之数额然后发粮米，改为预发粮米而后结算。如此小变，大大减少了烦琐的供应手续，一下子就改善了生病船夫、纤夫的境况，从死亡线上夺回了不少人的生命。沿江船夫、纤夫每提及此，无不对程颢感恩戴德。程颢也以此为例，对下属说："一命之士，苟存心于爱物，于人必有所济。"下属及同僚闻此，也无不由衷地称赞程颢为具有儒家大爱之贤者。

（三）赴茅山龙池释惑

嘉祐八年（1063）初夏，芒种已过，天气渐渐热了起来。

一天，县尉对程颢说："您来上元三年，还不曾到过茅山。近日天气尚不甚炎热，在下愿陪大人一往，一来可睹汉之石屋，二来最可领略江南险山之景。不知大人有暇否？"

程颢说："下官闻大茅峰顶有万福宫，乃汉时所筑，虽历阅千载，仍巍然而立，为茅山三宫五观之首，故早欲前往一睹雄姿，奈何百冗难拔。既然县尉大人愿陪卑职前往，焉可再坐失良机！"

县尉说："好，好！明天五更即来接迎大人。"

"不，明天去来不及了，我尚须有所准备。后天吧。"程颢说，"除了到万福宫，一定要到龙池看一看。"

"好，好！一言为定。"

茅山位于上元县东南与句容县交界之处，因山势走向曲折，很像一个"已"字，原名句曲山。西汉初年，咸阳有茅氏三兄弟茅盈、茅固、茅衷来此修道行医，泽被一方，后人仰其功德，遂称之为茅山。久而久之，茅山被道家誉为"养真之福境，成神之灵墟"，于是闻名遐迩。

第三天中午时分，众人来到了万福宫山门前。

程颢问观主:"道长,汉时石屋何在?"

观主答道:"回大人,汉初茅道长始到之时,在此筑石屋采药炼丹。南朝齐梁之时,已易为殿,供奉三清天尊。"

"原来如此。"程颢道,"茅山风光之胜,名闻江南,下官心仪已久,今日虽仅睹一二,亦甚慰平生。"说完,对县尉说:"到龙池去。"

不一会儿,众人来到一处名叫三祖峰的半山腰处。

绿树掩映中有一小潭,面积约有半亩大小,波光粼粼,深不可测。潭四周的小树枝条上挂满了大大小小的红色布条,约有二三十个善男信女跪在地上,一面叩头,一面祷告。

程颢走到一对中年夫妇身边,问:"请问这位大哥,祈福所向何神?"

中年男子看程颢像是当官的,连忙站了起来。"回大人的话,在下与愚妇前来向龙王爷许愿。"之后又说,"家中还有年老的父母亲,因所种稻子近两年连年生虫,致使收成甚薄,前来求龙王保佑多打谷子。"

程颢又问几位结伴而来的老妪所求何神。一位体魄健壮些的老妇说,她们几家所种稻谷,前两个月生得很好,但这两年每到谷子快熟时,有一半稻禾发黄,根子腐烂,倒伏田间。因而前来求龙王爷保佑谷子不再烂根,使家人有米吃。

程颢问他们中何人见过龙王爷。众人你看看我,我看看你,谁也说不上来。这时,刚才答话的那位老妇说:"龙在天庭,有时也来龙池。我等故而前来叩拜。"

程颢又问:"龙来此潭,可有人见?"

那位老妇说:"小人即曾看见。背有鳞甲,身着五色,四肢五趾,趾有钩爪。"

程颢又问:"大小如何?"

"大者一尺长短,小者也有三四寸吧!"老妇一边说一边用手比画着。

听到这里，程颢对从人说："拿出来让他们看看！"

这时，一个十三四的孩子走了过来，把身上背着的木匣子交给了一位中年人。中年人在草地上铺了一块三尺见方的红布，然后把木匣盖子打开，将里边所盛之物轻轻地倒在上面。

有七八个胆子大的香客围了上来。

"唉呀，这不就是龙嘛！"有两个人看后立即跪了下来叩头，"龙王爷保佑，龙王爷保佑！"

程颢让看过的人退在一旁，叫后面的人上前观看。然后对来人说："霍郎中，你就给父老乡亲们批讲批讲吧。"

刚才把木匣子里的东西倒在布上的人站了起来，说："列位乡亲，程县令昨天派人交代，命小人带十只风干的四脚蛇来茅山，小人原以为是教列位辨认，多多捕捉入药，没想到是如此。"

程颢这时说："列位父老，这位就是县城西大街济众堂大药房的霍朗中。今天下官让他前来，就是想请他给诸位看看病。"

"看病？"有个站在程颢身旁的小伙子说，"老爷，我们没有病啊！"

"是没病。"程颢一听笑了，拍了拍他的肩膀，之后又拍了一下他的脑袋，"病在这里！"

"霍郎中，讲吧！"程颢说。

"乡亲们，这木匣子里装的东西不是什么龙，它的名字叫蜥蜴，也叫蜴蜥，俗名叫四脚蛇，不光茅山上有，江南许多地方都有，就是程大人原来当官的关中也有。常见的一般半尺到一尺长短，听说爪洼国还有八九尺长、重两三斤者。四脚蛇不是神，是医治病疾之药。这味药嘛，性寒略温，主治瘿瘤、瘰疬。老年人如气管炎症痰多，焙干研碎成末，日服二次，三日即愈。"

"还能吃？"程颢身旁的那位小伙子一听吓了一跳。

"徒儿，快过来。"霍郎中把方才背木匣的孩子叫了过来，捡起一只风干的蜴蜥,顺手撕成几片,"你吃这片大些的,我也吃一片。"他说着放进嘴里嚼了起来。

"诸位父老,你们谁也尝尝?"他说着,把手中的另外几片递了出去。

"我有气管炎,我尝尝吧!"一位60多岁的老汉走了过来。

"我也尝尝。"

"我也尝尝。"

"霍郎中,我家老母也常吐痰不止,给她老人家捎回去一片,行吧?"

这时,程颢说:"适才霍郎中给诸位父老治了一下脑袋里的病。听那二位老嫂子所言,她们家的稻子长得不好,那也是有病,是地生了病啊。今日,我也给父老们请来了一位'郎中',让他帮你们治一治吧。"

说着,一位约40多岁的农夫笑呵呵地走了过来。一边走一边说:"我可不会治病,我可不会治病。"

县尉指着旁边一块约二尺多高的石头,说:"到上面讲,让诸位父老也认识认识。"接着对众人说,"这位是南山张大户家的长工卢老六,稻谷种得好,一亩地能打两担多,方圆十里八里,没有人不认识他的。今日程县令叫他来,就是让他给稻子、稻田看病的。"

卢老六站到石头上,清了一下嗓子。说:稻谷生虫,那叫稻螟虫。螟虫是蛹生的,灭了蛹,也就没有了螟虫。方法也很简单,一是夏季稻谷收割后,田里要及时灌水、翻耕,使泥水热沤,将蛹沤死。二是冬季里也要让田里保存一定的水,翻好土地,把压青的绿肥埋下去,让其发沤,不使过冬的螟蛹孵化,也就没有螟虫了。

"还有呢,谷子黑根、烂根也说说。"县尉提醒他说。

卢老六不好意思地笑了笑,又站上石头,说,稻子黑根是田亩中存水太久,没有更新。发现黑根,要赶快把水放掉,让太阳晒两天,地干了,也就不黑了,然后再放进去水。如果不晒,根就会烂。

听卢老六讲得有理,后面的人一下子围了上来。

"卢大哥,我家的稻叶子发白,有的还枯了,那是什么病啊?"

"卢老弟,我家有三亩谷子,老是卷叶,怎么治呀?"

"卢大叔,我家的水牛不好好吃草,还流清涕,也是病了吧?"

"卢大哥,我家的水牛老是张着大口喘气,你去给看看吧!"

程颢见众人有这么多问题要问,就说:"卢老六,你今天在这里多待一会儿,给父老乡亲们看看牛病、马病、田病、谷病,也是功德无量啊。"

众人见知县有话说,都静了下来。

程颢说:"列位父老,适才霍郎中给大家说了四脚蛇,那是山里的小动物,可入药治病。卢老六嘛,也是个好'郎中',他不会给人看病,可他会给地治病,给庄稼治病,给牲口治病。这下大家心里明白了吧,不管是人,是地,是牲畜,有了病就要请郎中,万万不能靠神。哪里有神?刚才霍郎中及小徒弟把那只风干的蜥蜴撕开吃了,大家都看到了。要真是龙王爷,他敢吃吗?"

"看来真不是神。"

"看来没有什么神,什么都得靠自己呀!"

程颢说:"耕读传家,以农为本。列位父老辛辛苦苦,一年下来,米有一囤,钱有百文,就不错了。千万不可把汗水换来的那几文钱往水里扔啊!"

"大人,你说得好啊。把钱往水里扔,还能听一声响呢,送给龙王爷,连'吭'一声也听不到!"那位老妇说。

众人一听全笑了。

三、施教化晋人怀德

嘉祐八年(1063)三月末,仁宗驾崩。四月初一,赵曙即位,是为英宗。

治平元年（1064），程颢知上元三年任满，诏下：移泽州晋城令。时程珦知磁州事，于是，程颢上任途中前往磁州看望了父亲。

（一）重斯文兴学育人

晋城位于山西东南中条山与太行山、王屋山形成的泽州盆地之中，宋时属泽州高平郡，与高平、阳城县为邻。由于地理位置重要，素有"河东屏翰""中原咽喉""三晋门户"之称。

程颢到任后，在县尉的陪同下对县城和一些乡堡进行了巡察，并拜访了一些耆宿乡绅。

一个月后，程颢拜会了知府和通判。在给知府和通判的呈文中，他写道：

> 卑职来县阅月，所到古宅曲巷，乡里场院，多见习武弄拳之影，而不闻诵经弦歌之声。盖其俗朴陋，民不知学。又闻耆旧感叹：百年而无登科者。愚以为，欲治晋，先兴学，起斯文，令之责也。故欲择子弟秀异者，为置学舍粮具，聚而教之。

知府对程颢兴学之举十分赞赏，并对他说，各县之所以教育落后，一是他本人重视不够，二是各县缺乏能为者。通判对他说，莫说办县学，即使当今州学，一乏生员，二无教授，也十分不景气；身为通判，自知难辞其咎，但也深感无能为力。他希望程颢把县学办好，为各县带个好头，如有条件，再兴乡学。

回到晋城后，程颢把县佐请来商议，由其出面，将县北关一处富户废宅加以改造，作为县黉学斋。之后又从高平县聘来一位学正，县学就正式开张了。

为了提高教学质量，程颢除亲自指定以《论语》为教材外，还将临时充任学录及掌谕等为师者加以培训，对教课质量提出明确要求，考查不合格者，按照"教者不善，则为易置"的规定，降格使用。此外，他还亲自为学生授课，为学童所读之书正句读之误者。为使全县上下形成良好的教育氛围，作为县令，程颢还不断以座谈的方式听取社会各方面的意见，"暇时亲至，召父老而与之语"，目的是上下合力，"朝夕督厉，诱进学者"，促进学子进步。

在程颢的努力下，晋城的教育不仅很快有了起色，而且发展迅速。清初所修《泽州府志》"学校"一目中记曰："治平四年，明道先生来令晋城，建乡校七十二处，社学数十所。行县时亲为儿童正句读。春风蔼仁，所在向化。迄今人犹向往之。陈迹竟莫可考，唯凤台城西北乡，地名书院村有明天启间石碣，书'古书院'三字。"

这里，"凤台"即古晋城县名，"书院村"为村名，村因建书院而闻名全县，至今仍之。程颢三年后离任，但学子们不忘初心，奋发向上。十余年间，成为秀才、贡生者数百人，至熙宁元丰年间（1068—1085），登科者十余人。

在程颢的示范和带动下，泽州各县也纷纷兴学。明朝官员张珽在《重

明天启年间的"古书院"匾额

修程子祠》中说，程颢在晋城县办学的幅射力，"达乎邻邑高平，渐乎晋绛（临汾、运城），被乎太原，所谓济济洋洋有齐鲁之风焉者"。《泽州府志》和《高平县志》多处记载，"宋程明道先生虽为晋城令，教化旁及（高平）士风，发生巨变"，故"多建庙祠以祀之"。高平县修建有"晋城书院""宋程书院"，直到清康熙四十五年（1706），泽州调查程颢当年兴学遗址时，晋城县查到6处，高平县却查到23处。

和程颢同时代人黄廉（1034—1092），元丰年间曾任河东提点刑狱兼提举义勇保甲，对在程颢影响下泽州教育发展快速、人才辈出十分感慨。他在《劝学》诗中写道：

  河东人物气劲豪，泽州学者如牛毛。大家子弟弄文墨，其次亦复跨弓刀。

  去年较射九百人，五十八人同赐袍。今年两科取进士，落钓连引十三鳌。

  迩来习俗益趋善，家家门户争相高。驱儿市上买书读，宁使田间禾不薅。

  我因行县饱闻儿，访问终日忘勤劳。太平父老知此否？语汝圣世今难遭。

  欲令王民尽知教，先自乡里烝群髦。古云将相本无种，从今着意鞭儿曹。

诗中不仅记述了泽州人才脱颖而出者如雨后春笋——"去年较射九百人，五十八人同赐袍。今年两科取进士，落钓连引十三鳌"，而且还记述了其带动了社会风气的好转——"迩来习俗益趋善，家家门户争相高。驱儿市上买书读，宁使田间禾不薅"。兴教育人影响之深远，由此可见。

程颢当年兴建的古书院虽历经千年，很多建筑已不复存在，目前仍可见的明道祠堂有遗址和书院阁。在祠堂旧址一座砖券的过道墙壁上，镶嵌着三通石碑，其中西墙中央的竖碑上，用宋体字镌刻着"宋晋城令程明道夫子之神位"12个大字，落款为"清顺治十八年"。书院阁位于书院村。

（二）恤社情视民如伤

在兴教育人的同时，程颢也非常重视发展生产以及对黎庶的日常教化与救助等事宜。

1. 鼓励垦荒

程颢发现县城及乡镇有不少游手好闲之徒，其中有在街头赌博者，有打架斗殴者，有滋事生非者。为此，程颢将县尉、主簿请到公堂议事。

"晋邑民风淳朴，些许奸人之举，古今皆有，不足挂齿。"县尉请程颢放心。

清顺治年间的石碑

程颢说："劣顽之辈虽少，然亦皇家子民。你我身为泽州之官，岂能坐视不理？其所以游手者，必有其因。"

主簿见程颢十分认真，顿生敬意，便说："大人所言之事，卑职略说一二。晋邑虽田亩肥美，然川原之田不足十之二三，农户自耕之田不足，故夏秋二季多受佣于富室耕作。耕作之余，无事可业。孟子曰：人无恒产，则无恒心。故有游手于市井者。"

听了主簿的分析，程颢连连点头。"古人云：'民惟邦本，本固邦宁。'

民无恒心，必生邪恶；长此以往，晋邑亦必有隐忧。"

县尉看了一眼主簿，接着说，"古人云：人无远虑，必有近忧。不知大人有何良策，既解燃眉之急，又利晋邑千秋！"

程颢说："前几日询诸乡老得知，泽州各乡荒地、荒坡尚有许多，如百姓加以开垦，地亩岂不有所增多，稷麦黍粟自然也就有了。"

县尉说："前些年也曾想这样做，然地多赋必多，且新垦之地收成极微，故百姓少有垦殖者。"

程颢说："凡百姓新垦之地，三年内不计税赋，之后酌有所加，如何？"

主簿、县尉一听连连称好。

不几日，百姓看到了布告：晋城山川广大，土地肥美，然膏腴之田尚少。凡垦殖荒坡水畔之地为良田者，三年不计税赋。欲有此举者，至衙门钱粮口造册备案。

此令一出，百姓纷纷表示愿意扩大田亩，此举虽然使一些垦殖能力强的大户受益较多，但普通贫民之田亩也增加不少，游手好闲者也减少了许多。

2. 建伍相助

据《明道先生行状》载，程颢为晋城令时，告诫吏役不得阻止百姓到县衙"告状"，并经常亲自处理或参与调解一些民事事务，"民有事至邑者，必告以孝悌忠信。入所以事其父兄，出所以事其长上"。为了加强治安管理和将教化事宜落到实处，他与县尉一起，将全县划为几十个区片，五户为一伍，十伍为一保，逐步建立乡民连保互助组织，不仅"使之力役相助，患难相恤，而奸伪亦无容"，而且对一些特殊情况也采取一定的特殊处理措施，如"凡孤茕残废者，责以亲戚乡党使无失所"，将那些鳏寡孤独不能自养、不能自理、无依无靠的弱者，责成其亲友邻里负责照看，不使其流离失所。他还让有关部门收容从外地来到晋城的流浪者，从而使"行旅出于其途者、疾病皆有所养"。伍保的建立，对一些有偷窃等不端行为者，也起到了一定的监督作用。

程颢还从晋城当地百姓有习武传统的实际出发，"农隙讲武事，一时义勇咸为精兵可用"。即利用农闲之时，以伍保为单位，把一些青壮年组织起来，在练武健身的同时，以维持地方治安。这些号称"义勇军"的组织，由于在防贼防盗、保卫乡里中作用非凡，竟可当精兵使用。

3. 扬善抑恶

程颢在兴教育人的同时，还"立科条，旌别善恶，使有劝有耻"，即通过建立乡规民约的方式，规范乡民行为，旌别善恶，树立正气。对乡民中知耻守廉、敬德乐群者，大加表彰；对那些不赡养父母、不敬奉长上、不遵守法律、不讲道德的害群之马，严加斥责，严重者绳之以法。

一天，县衙的堂鼓被人击响。程颢升堂一问，原来是一位名叫张庸的老人状告儿子张福不养之罪。

考虑到不赡养老人有违社会公德，程颢决定让看热闹的老百姓进到大堂院内旁听，也借此机会受一次教育。

程颢问张福："先贤圣哲早就教导天下黎民百姓'老吾老以及人之老'，你为人子，被父母恩养，而今成人，为何不赡养尔父？"

张福说："请老爷明察，他不是我父亲，我从来就不认识他，他是个骗子！"

"什么？他不是你父亲？你父亲何在？"

"回大人的话。我父亲叫张有义，排行老三，生前十分勤苦，给小人兄弟二人留下良田百亩及房舍牲畜。去年冬天犯了心痛病，卧床不起三个多月，几天前不幸过世，家里刚办完丧事。"

程颢厉声问原告："大胆张庸，竟敢冒为人父，骗取钱财，是何道理？"

张庸不慌不忙地说："回大人的话。张福死的是其养父，我是他的生身父亲。"

程颢一听，觉得事情有点复杂，问道："张福，你是张有义亲生的还是领养的？"

张福说："我与弟弟一母同胞，皆为亲生。父母生前并没有领养过一儿半女。"

程颢问张庸："张庸，你说张福为你亲生，有何凭证？"

只见张庸从怀中摸出一张叠着的黄纸，说："老爷容禀。小人为乡间郎中，家境贫寒，每每以串村走户为业，勉强得以糊口。那年妻子在家生了孩子，因为家境贫寒，又加上我长年在外，难以照看，就把孩子抱给了张三翁。现有张三翁所立字据为凭。"

衙役将文书接过来呈上。程颢将字据连看了几遍，之后放在案头。

"张庸，我来问你：这文书是你与张有义当面所写，还是其后补写？"

"回大人，是当面所写，当面画押，并非其后所补。"张庸信誓旦旦地说，"现在张有义已死，故前来相认亲生。请老爷明察，令张福赡养我！"

程颢又问："张庸，你今年多大年龄？与张有义谁大谁小？"

"小人今年60岁，张有义小我1岁。"

程颢又问："你可知张福今年多大年龄？"

"知道，知道。他是我亲生的，怎么会不知道！张福今年22岁。"

"呵呵，"程颢一声冷笑，接着把惊堂木啪地一拍，"好一个刁棍！天网恢恢，朗朗乾坤，光天化日之下竟敢编造谎言，蒙骗本官。"

张庸见程颢发怒，立即慌了神。"老爷息怒，小人没有半句谎言。今有字据为证，白纸黑字，句句属实。"

程颢见张庸还要强词夺理，就把文书举了起来。"列位请看，这文书上写得清清楚楚，'庆历二年三月初三，抱儿与张三翁家'。22年前，张有义才37岁，年不过40岁之人，何以称'翁'，就凭此一点，即足以证明文书为伪。"他看了张庸一眼,接着说,"如再不从实招来,立刻关入牢中一年。"

张庸见露出了马脚,连忙跪下叩头。"老爷饶命,老爷饶命!是小人财迷心窍,原想张福即便不赡养我,老爷也可能判他给我田地十亩八亩。没想到老爷是青天,小人该死,老爷饶命呀!"

在院中听审的一位老人见张庸不打自招,从人群中挤到张庸跟前。"呸!你这老不要脸的。把咱晋城人的老脸全丢光了!"

程颢站起来,整理了一下服饰,"原告听宣。"接着高声念道,"诚孝节义,德之根本。郎中张庸,道心有损。冒为人父,德亏义泯。念尔初犯,痛斥免棍。邻里为诫,引以为训。爱幼敬老,乡风敦淳。"

张庸原以为至少要挨十大板子,一听免打,连忙叩了一个响头,站起来一溜小跑出了衙门。

4. 恤民解困

宋时,晋城百姓每年所纳钱粮,一部分就近上交府县国库,一部分粟秣作为军需品,必须直接送达指定的边庭关塞,以供战事。这实际上是把应由国家负担的运输费用转嫁给了老百姓。由于道路崎岖,路途遥远,运输成本远远高于粮草本身数倍。"载往则道远;就籴则价高","民以为苦"。程颢了解到百姓年复一年地在路途上的奔波之苦,决心予以解决。

经过调查,他在全县挑选了十数家富户及粮商,要他们在粮食刚下来之时,到离边庭较近的县乡购买一些粮秣,就地储存,等到朝廷征缴时,依数付清。因粮食刚打下来时价格不高,被代缴粮的农户免去运粮支出,仅交给富户及粮商很少利息,而富户及粮商却积少成多,有利可图,因而皆大欢喜。

程颢看到这些富户和粮商很讲信用,就进一步把这一经验加以推行。

宋时朝廷还实行了科买制度,即除百姓缴纳农业税粮之外,每年还

075

要按官价卖给国家一定数量的粮食，并将征购任务指标下达给府县。每当征购之时，粮秣之价一日三涨。百姓无奈，只好以高价买进再以很低的官价卖给官府，百姓苦不堪言。

针对这种情况，程颢就与富户商量，让其在粮食刚下来之时，预先储备若干，等至官府征购时，再略高一些卖出。如此实行后，储粮的富户并不很费气力便在几个月后得到一定的好处，而乡民的付出也较以往大大减轻了。

经过三年多的治理，晋城民风淳朴，社会安定，农业及教育事业尤其得到明显的进步。史载："丰年可得温饱，歉年亦可充饥。"晋城成了全国的模范县："县之政可达于天下一邑者。天下之式也。"

5. 视民如伤

听说程颢将要调任，晋城县尉、主簿相约前往县衙拜见程颢。

县尉说："自大人莅位以来，几年中卑职不仅见识大长，心襟也为之大敞。大人无论道德、公务，皆在众人之上。有缘共事三载，实是三生有幸。先生不日将返京师，还望行前不吝赐教才是。"

主簿接着说："卑职虽忝列主簿，其才德实不相配。多蒙先生不弃，才得有今日。先生行将高就，有何示谕，万望垂教才是。"

程颢笑道："二位过誉了，过誉了。下官身为朝廷命官，敢不惕厉而为！古人云：'郡县治，天下安；郡县强，则天下兴。'又曰：'民惟邦本，本固邦宁。'下官才疏学浅，自到任以来，如临深渊，如履薄冰，生怕上负天子，下负黎庶，故书'视民如伤'悬于堂上，以为座右之铭。"

县尉道："大堂匾额，为先生三年前到任时所书。卑职当时深感惊奇，不解其意。现已全然明白了。"

程颢道："'视民如伤'源于《左传》。语曰：'国之兴也，视民如伤，是其福也；其亡也，以民为土芥，是其祸也。'作为一县之主，心中有民，方能为民。民在下，其势弱，故视其如伤，须时时抚慰，多加顾恤，方可无虞。"

主簿道："大人心怀天下，实为县、府楷模，我等榜样。"

程颢道："此四字言简意赅，故下官视之为座右铭，以此检束言行。然细细思量，差距甚远，故扪心自问，常觉愧对此四字也。"

6. 以史为鉴

在处理政务之余，程颢用心最多的是"教育"。他经常到学校去，有时还站在窗外听老师诵读或讲解。

一次，一位先生在读《左传》首篇《郑伯克段于鄢》时，把"祭仲曰：'都，城过百雉，国之害也。'"读作"祭仲曰：'都城过百雉，国之害也。'"他认为不对，就对他说，你的句读不对，要予以纠正。过了些时候，他和主簿再到这个学屋时，这位先生把《论语》中的"学而时习之，不亦说乎"中的"说"字不仅读成"说话"的"说"，还解释道："学会说话很不容易，但只要坚持经常练习，时间一长，不也就会说了嘛！"程颢听后，深深地叹了一口气，对主簿说："韩老夫子说：'师者，传道授业解惑也。'如此传授，学子岂不更惑！误人子弟，误人子弟啊！"之后吩咐主簿："多支给这位先生一月之薪俸，请其回家去吧。"

为了将晋城治理好，程颢走遍了这里的山山水水，了解民风社情，同时也翻看了一些典籍文册，了解物产、商贸之史。

一天，他把县尉、主簿等召来议事。

"今日请诸公过来，并无要事可议。只是有点想法不知妥否，说出来向各位请教。"程颢说罢开场白，顺手拿起案头上的《唐书》，接着说，"近日多雨，下官在衙内翻看了几卷册籍。《唐书》有载，太宗时魏徵常直言相谏，太宗深感魏征之忠，所谏之言切的，故言听计从，以致政治清明，社会安定，国富民安，人称'贞观盛世'。魏徵病逝后太宗虽亲撰碑文，并将其画入凌烟阁，然仍难断思念之情，故每每对群臣曰：'以铜为鉴，可以正衣冠；以人为鉴，可以知得失；以史为鉴，可以知兴替。'太宗之言，下官深以为是。'以史为鉴，可以知兴替'，是简言存史可育人也。"

程颢呷了一口茶，看了主簿一眼，说："主簿来晋城多年，素稔此地风物，在下曾请其查秦汉以来历任县令，所得无几且事迹寥寥。"

主簿见程颢说到往事，便说："半年前大人曾让卑职查阅方志，意欲知自秦汉立郡县至今数百载，晋城曾有多少县令，政绩何如。可惜晋城无志，询之乡老耆旧，方知城隍庙有一通石碑有载，然碑文漶漫，难以辨认，仅得21人而已。"

程颢拿起案子上的《尚书》，说道："稽古鉴今，本圣人先哲之训。"他翻了几页，指着书册说，"《仲虺之诰》《太甲》有载，'以古鉴今''鉴古资治''垂裕后昆''启迪后人'等，均为不刊之论啊。"

县尉说："我也曾去看过这通碑，最早的县令姓李，其他则一无所记。"

程颢说："自古以来，国家有史，地方有志，遂使贤者留名，后世效法，不贤者不足为训，后人记取。"说着，他站了起来，踱了几步又坐下。"下官思虑数月，欲建一县令功德之碑，以使善政者存留，人不忘其德，不善者引以鉴戒，以免失误。不知诸位先生意下如何？"

县尉一听，也站了起来："大人之见，甚是长远，卑职明日就进山采购优质碑石。至于此碑立于何处，听大人定夺就是了。"

主簿说："程大人早就看过地方了，就立在城隍庙院内左侧旧碑后面。"

程颢见诸人情绪很高，便拱手道："多蒙诸位抬爱，下官这几日就思谋碑文，待草就之后，再请各位赐教指正吧。"

三天之后，碑文草就，标题为《晋城县令题名记》：

　　古者诸侯之国各有史，故其善恶皆见乎后世。自秦罢侯置守令，则史亦从而废。其后自非有功德者，或记之循吏，与夫凶残之极者，以酷见传，其余则泯然无闻矣。如汉唐之有天下皆数百年，其间郡牧之政，可书宜亦多矣，其见书者，率才数十人。使贤者之政不幸而无传，使不肖者复幸而得以传，盖其意与古史之意异矣。

夫图治于长久者，虽圣知为之，且不能仓卒苟简而就，盖必本之人情而为之法度，然后可使去恶而从善。则纪纲条教，必审定而后下；其民之服循渐渍，亦必待久乃淳固而不变。今之为吏三岁而代者固已迟之矣。

使皆知礼义者，能自其始至，即皇皇然图所施设，则亦教令未熟，民情未孚，而吏书已至矣。倘后人之所至不同，复有甚者，欲新己之政，则尽去其旧，则其迹固已无余，而况因循不职者乎？噫！以易息之政，而复无以托其传，则宜其去皆未几而善恶无闻焉。故欲闻古史之善而不可得，则因谓今有题前政之名氏以为记者，尚为近古，而斯邑无之，乃考之案牒，访之吏民，才得自李君而降二十一人，第其岁月先后记之，俾民观其名而不忘其政，后之人得从而质其是非，以为师戒云耳。来者请嗣书其次。

治平四年（1067），在晋城任职三年多的程颢奉调京城任著作佐郎。临走当天，闻讯赶来送别的百姓道塞途拥，县志载，时"民哭声振野，沿街设香案、摆供品，夹道相送，牵衣顿足者不计其数"。不久，晋城人还建生祠以示纪念，以"观先生之容，诵先生之书，行先生之行"。

朝堂议变法 奈何陷党争

一、拗相公执意变法

治平四年（1067），宋英宗病逝，其子即位，是为神宗，改元熙宁。

当年，程颢在晋城任满，朝廷便诏其回京，任中书省著作佐郎。时程珦年61岁，磁州任亦满，朝廷迁其为司门郎中知汉州（今四川广汉），程颢、程颐于是一同送父亲入川。

熙宁元年（1068），程颢回到开封，上书《请修学校尊师儒取士札子》。札子认为，"治天下以正风俗，得贤才为本"，而要"正风俗""得贤才"，关键在于发展教育。札子虽然得到了皇帝首肯，但鉴于变法，后来也就没有下文了。

（一）变法宰相性狷戾

熙宁二年二月，一心富国图强的神宗任命当了两年江宁知府的王安石为右谏议大夫、参知政事（副宰相），全面主持变法。为保证变法的顺利推进，三月，王安石建议设制置三司条例司，聚集人才，专事讨论有关变法事宜。在挑选人才时，王安石看中了程颢和苏辙。

熙宁三年，王安石被任命为同平章事（宰相）。他热血沸腾，认为英才遇到了明主，大可施展抱负。于是，将当初以任人为重心的改革易为以理财为重心，在政治、经济、军事各方面全面推进。

王安石年轻气盛，主张改革聚财，抑制豪强兼并和崇尚法治。出发点虽然不错，然而由于神宗皇帝和他都急于求成，在推行了均税法、农田水利法之后，又立即全面铺开推广青苗法、免役法、市易法、方田均税法和保甲法、将兵法等新法，加之用人不当，方法欠妥，不仅使官民矛盾激化，也大大激化了他本人与反对派的矛盾，一些资深大臣如韩琦、司马光和富弼，都极力反对变法。

王安石从江宁知府入京为相，两次罢相后均又回江宁任知府，这也许从一个侧面说明他不宜为宰相而只可为知府。时人及后人多认为王安石不是一个有远见的政治家，不宜为相。三朝元老韩琦就意味深长地告诫神宗说："王安石是个出色的翰林学士，但不是个出色的宰相。"其中原因，大臣们多认为其性情偏执，思想方法片面，心胸狭窄，刚愎自用。

王安石对文字学很有研究，60岁时完成了《字说》。但其对一些汉字的诂训也颇令人捧腹。南宋洪迈《容斋随笔》载，《诗经·豳风·七月》里有"八月剥枣，十月获稻"之句，汉代学者释"剥"为通假，意为"扑打"，"剥枣"就是打枣的意思。王安石认为不对，应该是"剥其皮而进之养老也"。当时就有人指出王安石是望文生义，但他却我行我素。几年后，王安石在金陵遇见一位老妪，据说是西晋时从中原南迁者的后裔，王安石问其丈夫干什么去了，老妪回答说："扑枣去了。"王安石始觉当初所训有误。这样的故事南宋曾慥在《高斋漫录》中也有所记："荆公曰：'坡乃土之皮。'东坡曰：'然则滑乃水之骨乎？'"另一则说："东坡闻荆公《字说》新成，戏曰：'以"竹"鞭马为"笃"，以"竹"鞭"犬"，有何可笑？又曰：'鸠'字从'九'从'鸟'，亦有证据。《诗》曰：'鸤鸠在桑，其子七兮'，和爹和娘，恰是九个。"从东坡的戏谑可知王安石解字之偏颇。

晏殊在仁宗时身居要位，然平易近人，唯贤是举，范仲淹、孔道辅、王安石皆出其门，即如韩琦、富弼、欧阳修也皆因受到他的栽培和引见方得朝廷重用。词为宋代奇葩，晏殊以词著称文坛，尤擅小令，其"无可奈何花落去，似曾相识燕归来"（《浣溪沙》）、"昨夜西风凋碧树。独上高楼，望尽天涯路"（《蝶恋花》）等句，以含蓄婉丽为时人称道。宋人王铚《默记》载，庆历二年王安石中进士，时年21岁。枢密使晏殊对这位江西老乡很赏识，语重心长地对他说："小老乡，你年轻，来日方长，我送你八个字——'能容于物，物亦容矣'。"王安石听后很不以为然，之后不屑地对人道："晏公为大臣而教人者以此，何其卑也！"还以讥笑的口吻说："为丞相而喜填小词，焉能治国？"

王安石中进士后除扬州签判，时韩琦知扬州。曾有人向韩琦请教一个生僻字，韩琦承认自己不识，之后说："新任签判王安石颇识怪字，不妨去问问他。"王安石闻知后，认为韩琦是有意嘲笑他，从此耿耿于怀，记恨在心，任参知政事后，借口韩琦反对新法而将其贬出京城。次年升任宰相后，更是顺我者昌、逆我者亡，就连曾经提携他的前辈大臣富弼、欧阳修以及同事司马光、门生苏轼等也都统统被赶出了汴京。

王安石心胸狭窄之典型莫过于对待三朝元老曾公亮。

据《宋史》载，曾公亮为仁宗、英宗、神宗时三朝宰相。治平四年闰三月，他极力向神宗推荐王安石出任参知政事："安石文学器业，时之全德，宜膺大用，安石辅相材也。"时知审刑院的孙固在宋神宗为皇太子时曾任侍读，两人关系很好，神宗又征求孙固的意见。神宗问："王安石可相否？"对曰："安石文行甚高，处侍从献纳之职可矣；宰相自有其度，安石狷狭少容，恐不可。必欲求贤相，吕公著、司马光、韩维其人也。凡四问，皆以此对。"不仅孙固反对，时任参知政事的唐介首先发难反对，御史中丞吕诲称安石"大奸似忠，大佞似信"，并列其十大罪状。前任参知政事吴奎曾与王安石同在群牧司为同僚，针对王安石的个性警告说："万一用之，必紊乱纲纪。"与此同时，韩琦等老臣也激烈反对。

但由于曾公亮位高言重,坚持举荐,王安石得以升任。为感激曾公亮,王安石掌权后就把其子曾孝宽安排到枢密院,以此作为报答。

青苗法实行后出现了一些弊端,熙宁二年十一月,以翰林学士司马光为代表的反对派上书神宗,说变法使"士夫沸腾,黎民骚动",强烈要求对王安石罢职废法。神宗也有些动摇,想听听曾公亮的意见,"公亮俛不言",以示不支持司马光之意见。这种"阴助"使神宗决意留住王安石,从而也使王安石稳住了阵脚。就是这样,王安石也容不得曾公亮对变法提出小小意见。一次,神宗问王安石,与其共事的几位宰相和副宰相怎么样,安石对曰:"升之犹可与共事,公亮多用机巧,又专欲守其故态,自吕公著龃龉以来,及得升之协助,益难与议事。"并多次当面指责曾公亮,最终使得神宗也不得不说:"公亮老,亦且去矣。"曾公亮迫不得已,只好请求致仕。

王安石所讲的"升之",即陈升之。史载,陈升之"深狡多数,善傅会以取富贵",熙宁元年,知枢密院。下年,同制置三司条例司,与王安石共事。数月,拜中书门下平章事、集贤殿大学士。升之既相,遂请免条例司,安石曰:"古之六卿,即今之执政,有司马、司徒、司空,各名一职,何害于理?"升之曰:"若制置百司条例则可,但今制置三司一官,则不可。"由是忤安石,称疾归卧逾十旬,帝数敦谕,乃出。会母丧,去位。升之一贯迎合王安石,仅因在制置三司条例司上与王安石意见有些不合,也被迫离职。由是可知,孙固所言"安石狷狭少容"真是一言中的。

王安石容不得"变法派"中不同意见者,动辄加以排斥。若为反对派,则更不为其所容,不论"罪"之大小,一罢二贬。如,熙宁二年六月罢吕诲,《宋史》载:"乃出诲知邓州。""诲既罢,安石益横。""自诲罢去,(八月)御史刘述、刘琦、钱𫖮皆以言安石被黜。"之后又罢范纯仁、苏辙。熙宁三年三月罢孙觉、程颢;四月罢吕公著、张戬;七月徙欧阳修知蔡州，贬祖无择于陕州，出苏轼为杭州通判；九月罢曾公亮、司马光、陈升之、范镇。熙宁四年（1071），欧阳修被迫致仕，富弼徙判汝州，杨绘罢御史中丞出知亳州，刘挚罢监察御史里行贬为衡州监管盐仓。

（二）新法显弊遭龃龉

王安石不是一位十分成熟的政治家，虽欲推行其政治理想，但最终的跟头仍是摔在了欲速则不达的政治阶梯之上。

凡改革，首先必须在组织路线上得到政治集团大多数人的支持与拥护，如此才能得以有稳固的政治基础；其次是必须改善民生，给黎民百姓带来实实在在的利益，如此才能得以有民众的拥护；最后，改革必须有正确的策略与举措，如此才能得以稳步扎实地推进。王安石变法恰恰在这三个方面犯了大忌。

清人赵翼《廿二史札记》引用的一组数字说，宋仁宗皇祐年间，全国的财政收入三千九百万，支出一千三百万，占收入的三分之一。宋英宗治平年间，全国财政收入四千四百万，支出八百八十万，占收入的五分之一。到了神宗的熙宁年间，由于西夏用兵、国家佣员增多，收入虽然多达五千零六十万，但支出也达五千零六十万，国库竟成了空库。

急于增加国力的神宗皇帝年轻气盛，认为若从培养人才入手难以立竿见影，在选择大臣提出的诸多方案时，把理财放在了首位。据《宋史全文》卷十一载，神宗曾多次对大臣强调，变法应以"当今理财最为急务"，王安石也随之转向，上书曰"臣以理财为方今先急"（《续资治通鉴长编》卷二二〇）。宋神宗与王安石所说的"理财"并非指发展经济，而只是国家聚敛财富。这样，本来应从政治切入的一场改革，就变成了以财利为核心的单纯经济改革。

熙宁二年七月，朝廷颁布均输法，九月颁布青苗法。

所谓"均输法"主要是上收赋敛、籴买、上贡物品的地方权力为国家权力，以缓解国家"财用窘急"的问题。"青苗法"规定，在春夏青黄不接时，政府可借钱给农户，夏收后加五分之一的利息，与应缴的夏秋两季之税一起缴纳。这实际上是政府放高利贷。

均输法一出，知谏院的范纯仁就奏请罢均输法，说是与民争利，与地方争利，并批评王安石："欲求近功，忘其旧学。舍尧舜'知人''安民'之道，讲五伯富国强兵之术。尚法令则称商鞅，言财利则背孟轲……异己者指为不肖，合意者即谓贤能。"（《续资治通鉴纪事本末》卷五十八）苏辙也上书予以抨击，认为其弊在"民受其病"。青苗法颁布后，宰相富弼立即称病辞职，司马光也指责吕惠卿心术不正，韩琦也上书谏止，一针见血指出："官放息钱，与初'抑兼并、济困乏'之意绝相违戾，欲民信服，不可得也。"（《续资治通鉴纪事本末》卷六十八）

史载，实施青苗法的具体做法是：春季放贷，半年夏季收回，利二息分。秋季再放贷，半年后又收回，利息仍是二分。假如贷款一万，一年后利即为四千，高达40%，完全成了国家垄断的高利贷。有些地方利息竟达到原先设定的35倍。由于在具体操作上没有明确的章法可循，再加上王安石下达借款指标，不少乡村甚至城镇为完成任务，就出现了硬性"抑配"也即摊派现象，将不贷款者视为违法，再加上有的地方官吏还层层加码，从中渔利，利息高达十分之七八。这一乱象，邵伯温的《邵氏闻见录》有所记载："又所遣新法使者，多刻薄小人，急于功利，遂至决河为田，坏人坟墓、室庐、膏腴之地，不可胜纪。青苗虽取二分之利，民请纳之费，至十之七八。"对青苗法的实施，苏辙批评道："以钱贷民，使出息二分，本以救民，非为利也。然出纳之际，吏缘为奸，虽有法不能禁。"

这种"聚敛"式的"理财"很快就见到了"成效"，几年中，朝廷新建的32座内殿库房堆满了绢缎，再造的库房也很快又堆满了。

除均输法、青苗法，王安石还颁布了农田水利法、方田均税法、免役法、市易法、置将法、保甲法、保马法。若不走样地实行，这些法本来会给社会带来一些好处，但由于执行中走偏了方向，结果是背道而驰。老百姓的日子不仅没有好起来，负担反而更加沉重了。

新法的弊端与王安石的一意孤行，使得朝野汹汹，众叛亲离。朝中那些大臣，有的原本是王安石的靠山，如韩维、吕公著；有的原本是提携举荐他的前辈，如文彦博、欧阳修；有的原本是他的上峰，如富弼、韩琦；有的原本是相处很好的朋友，如范镇、司马光。但均因为与其意见不合，无一不遭到他的打击和排斥。如司马光，出于朋友情分，曾三次写信分析变法之弊，劝其反思，渐进而行，王安石半点也听不进去，反而逐条予以批驳。司马光见其执迷不悟，无协商余地，只好与之分道扬镳，成了反对新法的中坚和领袖。司马光上书说："臣之于王安石，犹冰炭之不可共器，若寒暑之不可同时。"（《弹奏王安石表》）从此，在变法问题上，司马光与王安石势同水火，不共戴天。

韩维是极力推荐王安石为参知政事者，二人关系友善，但韩维反对变法。熙宁四年，时任开封知府的韩维上书称，境内民众为了规避保甲法，竟有"截指断腕者"。神宗问王安石，王安石却轻描淡写地对此不屑一顾，他说："这是传说，靠不住。就算有此事，也是小菜一碟，没什么了不起的！"神宗听后吃了一惊，感到王安石态度过分，便委婉地说："民言合而听之则胜，亦不可不畏也。"但王安石仍不以为意。熙宁七年（1074）三月，神宗召见韩维，韩维仍上疏言"青苗法"之弊，并劝神宗"痛自责己，广求直言"。

青苗法、免役法等的弊端很快传到了宋神宗那里。免役法，原本规定乡户向官府缴纳"免役钱"后便不再服差役，官府用这笔钱雇人充役。原先不用当差的官户、女户、寺观须按同等户的半数交钱，称作"助役钱"。乡户在缴免役钱时，规定要多交二分，称作"免役宽剩钱"，以备荒年不征收免役钱时雇役之用。以钱充役本无可厚非，但所征免役钱太重，百姓难以承受。《宋史·韩琦传》载，韩琦在向神宗写的奏章中称："又为免役之法，次第取钱，虽百端补救，终非善法，此所谓富国之术也？"宋神宗接到奏章，便召见宰相以议，并说："朕始谓可以利民，今乃害民如此。且坊郭安得青苗而亦强与之乎？"话未说完，不料王安石"勃然进曰"："苟从其欲，坊郭何害？"说罢拂袖而去，次日便称病不出，并上《自辨章疏》。为维持局面，神宗只好向其示好，王安石这才重新视事。

一次，宋神宗同其弟弟嘉王赵頵一起玩击球，宋神宗约以玉带为赌注，嘉王却说："我若胜了，不求玉带，只求废除青苗、免役法。"宋神宗一听，默然无语。《续资治通鉴长编》载："上一日侍太后，同岐王颢至太皇太后宫。太皇太后谓上曰：'吾闻民间甚苦青苗、助役钱，盍罢之。'上曰：'此以利民，非苦之也。'太皇太后曰：'王安石诚有才学，然怨之者甚众。上欲保全，不若暂出之于外，岁余复召可也。'上曰：'群臣中惟安石能横身为国家当事耳。'颢曰：'太皇太后之言，至言也。陛下不可不思。'上怒曰：'是我败坏天下耶？汝自为之。'颢泣曰：'何至是也！'皆不乐而罢……他日，太皇太后及皇太后又流涕为上言新法之不便者，且曰：'王安石变乱天下。'上流涕，退命安石议裁损之。"

面对来势汹汹的诘难，王安石咬紧牙关不退缩，并说："天变不足畏，人言不足恤，祖宗之法不可守。"态度坚定，无所畏惧。

面对朝野大臣一次又一次的反对，两宫太后、皇后和亲王等众口一词贬诋新法，宋神宗动摇了：原本以为有益于百姓的新法，不料逐渐变为危害百姓的虐政。

从熙宁六年下半年到熙宁七年四月，中原大地大旱已整整十个月。老百姓无饭可吃，无地可种，流离失所。时任京城监安上门的进士郑侠绘制了一张《流民图》呈给了神宗，并同时附了一道奏疏。奏折说：微臣在城门上，天天看见为变法所苦的平民百姓扶携塞道，质妻鬻子，斩桑析屋，横死街头，实在是忍无可忍。因此恳请皇上罢废害民之法，"延万姓垂死之命"。还认为天大旱是王安石变法惹怒了上天而造成的，并请速罢安石废新法。郑侠还以性命发誓说，如果废除新法之后十日之内不下雨，请将臣斩首于宣德门外，以正欺君之罪。

神宗看到《流民图》所绘饿殍千里后大为震惊，心如刀绞，彻夜未眠。想到十个月的大旱，两宫太后及大臣的怨声，他进退维谷。难道真是新法弄得天怒人怨？难道真的是王安石变乱了天下？

于是，他含泪下诏，暂停青苗、免役、方田、保甲等八项新法。

说也奇怪，诏下三日之后，天降甘霖，旱情立解。

《宋史》载："及郑侠疏进，安石不自安，求去位，帝再四慰留，欲处以师傅之官。安石不可，愿得便郡，乃以吏部尚书、观文殿大学士，知江宁府。"一场轰轰烈烈的变法运动，就这样在扰民和聚敛的恶名中戏剧性地闭幕了。

二、真御史忠心谏言

熙宁元年，程颢送父入川回京之后，与苏辙等同为新上任的参知政事王安石的属下。

（一）王霸有别辩初心

四月初，程颢等八人被派往各地了解农田、水利、赋役诸法的执政情况。

一晃四个月过去了，八月，程颢从京西路所属的洛阳、南阳诸县回到开封。

他到相府向王安石报告所见所闻。他说：由于农田、水利之法鼓励农民垦荒造田、修塘筑堤，有利于生产，有利于增收，农民响应者较为普遍。赋役之法以钱买役，不仅百姓缺少积极性，官员也没什么动静。

王安石说：赋役法执行有难度原已有所预计，然未料如此严重，拟对所在地方官吏采取措施，凡执行不力者，定罢无赦。

程颢说："新政尚存不足，要者有二：一为征敛较重，百姓难以重负；二为贪吏弄权，小人谀上欺下。"

王安石笑了笑说："先生所言极是，但亦请宽心。有当今圣上做主，安石义无反顾，定将新桃换旧符！"

程颢又说："朝中老臣如富弼、韩琦及司马先生者，其所见虽与大人相左，然皆为朝廷着想，其说亦并非皆为无根之言，还望大人以为镜鉴。"王安石正要说什么，其长子王雱突然从里屋走了出来，说道："富弼冥顽不化，竟然对抗皇上，当弃于市，以儆效尤！"程颢见其出言不逊，甚感愕然。王安石也觉得儿子在客人面前唐突无礼，急忙喝令其退下。但对程颢为富弼等人辩解，脸上已露不悦之色。

第三天，神宗在崇政殿召见程颢。

神宗道："朕久闻汝兄弟为河洛硕儒，日前吕公著向朕推荐汝为太子公允，权知监察御史里行，甚合吾意。当今正当用人之际，朕思贤良，若大旱之望云霓，望汝恪尽职守，锐意进取，建言献策，补政罅缺，以图国富兵强。"

程颢叩谢皇上知遇之恩，并表示愿将竭尽所学，报效国家，献乎社稷。"只是微臣之才能薄疏，御史之责任重大，难当此任，有负圣上。"

神宗说："御史之职，隋唐至今，历代皆设。卿守职尽责可矣。"

程颢说："国设御史，品秩不高而权极广：分察百僚，巡按州县，纠视刑狱，肃整朝仪，端正纲纪。我朝自太祖立国，广开言路，天下清明，御史虽可代天子巡狩，然多小事主断，大事奏裁。唯弹举官邪，敷陈治道、审核刑名，纠察典礼诸端，事涉大局，务要激浊扬清，若有差池，罪莫大焉。故微臣心甚有惧意。"

神宗说："卿今初任，即对御史之责了然于胸，可知卿志存高远，官德至醇，如此心存敬畏，朕心甚慰，愈感吕公著知人善任，荐举得当也。"

程颢见神宗如此明达，言谈推心置腹，心情放松了许多。

神宗见程颢赤心一片，颇有相见恨晚之意。接着说："治国理政，头绪多多，朕须时时明了朝政之得失。御史者，朕之耳目也。朕欲耳聪目明，依卿之意，当今御史之责，首当何为？"

程颢见神宗切入了正题，稍加思索说："回圣上。臣以为御史之责，首在为社稷拾遗补阙，裨赞朝廷。若重在掇拾诸臣短长，以沽直名，臣则不能。"

神宗对程颢的回答十分满意："听卿之言，朕心宽矣。历代御史，多以揭人之短为旨，实失偏颇。卿心存良善，以社稷为重，何虑诸大臣不协心同力！目下参知政事王安石与司马光等因变法而不合，望卿能从中协调，弥其罅隙，戮力为国。"

程颢说："古人云：不偏之谓中，不易之谓庸；中者，天下之正道；庸者，天下之定理。王大人今行新政，亦须循此道，而不可走他途。依微臣之见，当今朝廷当务之急，应先明王霸之义，兴尧舜之王道，得天理之正，极人伦之至，莫使仁义偏而霸心生。"

神宗说："当今之世，何为王道、霸道？"

程颢答道："得天理之正，极人伦之至者，尧舜之王道也。用其私心，依仁义之偏者，霸者之事也。圣上欲德行天下，必先明乎此。"程颢见神宗似乎还不很明白，进一步说，"王道如砥，本乎人情，出乎礼义，若履大路而行，无复回曲。霸者崎岖反侧于曲径之，而卒不可与入尧舜之道。故诚心而王则王矣，假之而霸则霸矣。二者其道不同，在审其初心而已。"

神宗听程颢话中有话，似不很赞成王安石所为，便说："卿所言'审其初心'甚合朕意。朕登大位以来，除逸游，屏玩好，弃小人，任贤良，与诸卿宵旰图治，以富国强兵，实为行尧舜之道也。"

太监见神宗谈兴不减，上前小声提醒道："时已过午，请圣上用膳。"程颢见状，连忙表示告退。

神宗站了起来，仍有点恋恋不舍，说道："听卿所言，立政当从长远而谋，处世则以中庸为道，朕顿觉心扉大开。卿于新政之见地，既可向朕面陈，亦可具折奏报。朕企盼卿能经常具简献策。朕愿常在殿上见卿，当面听到谏言！"

程颢虽第一次觐见神宗，但见其英睿、向贤，不觉顿生知遇之感。

（二）耿介儒生进诤言

怀着赤诚之心，程颢拜访了几位当朝老臣，如富弼、韩琦等，也拜访了一些好友，如司马光等。就御史里行如何恪尽职守、如何看待神宗变法诸事认真地听了他们的意见和主张。

经过几天的思索，程颢将神宗召见时所奏之话整理成《论王霸札子》呈上，指出尧舜之道即仁义，即王道。接着，他又写了《上殿札子》(《论君道》)，指出，"君道之大，在稽古之学，明善恶之归，辨忠奸之分，晓然趋道之正。故在乎君志先定"，并强调"君志定而天下之治成矣"。

针对变法之争，程颢回顾了宋兴百年之得失，又写了《论十事札子》，就土地不抑兼并、职官冗设职驰、社会治安亟待加强等，从师傅、六官、经界、民食等十个方面进行了分析，论述了要改变现状，三代之治不可改、先王之法不可变的道理，力主"法先王"之重要性。

第二天朝议，宋神宗对程颢之疏浏览后递与了王安石。

王安石看后，称赞道："程御史不愧为当今大儒，引经据典，比比皆是；程大人也不愧是真御史，对皇上一片忠心啊！"之后话锋一转，不无讽刺地说，"一千多年后还要实行三代井田制,也不愧是大手笔啊！"

程颢见王安石故意歪曲己意，很是不悦，说："下官之意不过是说三代之制不违尧舜之道，从未言讲定要照搬照抄！"

王安石说："当今国库空虚，财力枯竭，岁不敷出，御史不言增加财力而言必称尧舜，岂不是空中楼阁、画饼充饥？"

程颢说："财力不支须鼓励农耕，促商兴贾，日积月累，总不可不顾脸面而出卖祠部度牒吧！"

王安石说："出售度牒，与国无损，而年可得粟四十五万担，若遇饥馑，可活人十五万有余，岂非王道？何乐而不为！"

程颢："卖官鬻爵以聚财，亘古未闻，强词夺理，参知政事可谓登峰造极！"

神宗见二人互不相让，便宣布朝议结束。

鉴于王安石急于事功，任用势力小人，程颢上《论养贤札子》，重申为政以德，重在使用贤才而罢奸邪屑小之徒。

十一月，程颢、李常弹劾齐州知州王广渊在推行新法时"抑配掊克"（强行摊派），"以困百姓"。

时刘庠任地方官，反对王安石新法，不仅说"自彼执政，未尝一事合人情"，而且抵制青苗法，不将青苗钱下发。

于是王安石对神宗说："广渊力主新法而遭劾，刘庠故坏新法而不问。举事如此，安得人无向背。"神宗为表示"一碗水端平"，没有受理程颢等人的上书。

闰十一月，御史中丞吕公著举荐张载为崇文院校书，神宗召见后却令其前往明州勘苗振狱，程颢上《乞留张载状》以谏，认为让一位儒者治狱，是"非所以尽儒者之事业"，故"伏乞朝廷赐选差"，神宗未予理会。

熙宁三年三月初四，程颢上《谏新法疏》，由于王安石的阻挠，不报。四月十七日，程颢《再上疏》，仍未予受理。之后数月，程颢章疏十上，然而神宗无一采纳，王安石又从中非之。

程颢这才感到神宗在王安石的影响下，已经对自己心存戒意，便上书乞求外任。王安石见机会到来，便建议程颢为镇宁军节度判官。

至此，从宰相富弼、翰林学士苏轼等到言官程颢，已有数十人因耿直谏言而被逐出汴京出知外地州县。

三、起党争两相倾轧

鉴于变法中出现的不良后果，迫于上下的压力，熙宁七年二月，宋神宗将王安石罢相，任用吕惠卿为相继续推行新法。

吕惠卿为势力小人，虽有权术，在政治上终不如王安石。熙宁八年（1075）二月，王安石二次拜相。但由于王安石与新势力产生裂痕，尤其是吕惠卿的反戈相向，王安石深感阻力之巨和大势已去。熙宁九年十月，王安石主动辞去相位，再次回到江宁。

元丰八年（1085）三月，神宗驾崩，哲宗即位。由于新皇帝年方10岁，太皇太后高氏垂帘听政。

高太后小名滔滔，是英宗的皇后、神宗的母亲，经历了仁宗、英宗、神宗三朝中发生的仁宗立储、英宗濮议风波和神宗熙宁、元丰变法，不仅政治经验丰富，而且有很强的组织才能。

高太后执政后，力主"以复祖宗法度为先务，尽行仁宗之政"。她罢蔡确、章惇，贬吕惠卿，将年已67岁的司马光从洛阳召回任为宰相，同时起用吕公著、文彦博、范纯仁等老臣，废除了王安石推行的新法，史称"元祐更化"。为了发展经济，她注意减少民族冲突，应西夏国之要求，将王安石变法期间宋侵占西夏的安疆、葭芦、浮图、米脂四寨（今宁夏东部和陕西省北部）还给了西夏。为废除新法，司马光呕心沥血，殚精竭虑，以致劳累成疾，八个月后病不能视事，九月，卒于任上。

高太后执政期间，崇尚节俭，办事公正，政治比较清明，特别是注意约束外戚，曾几次制止将其弟弟高士林和侄子高公绘、高公纪提升。司马光逝世后，以吕大防、范纯仁为相。她注意吸取五代时期封建伦理道德沦丧及权臣跋扈甚至弑上篡位之教训，在加强中央集权的同时，特别注重宣扬儒家的伦常礼教观念，励精图治，保持了经济的繁荣，因此被后人誉为"女中尧舜"。

旧党执政后，在高太后支持下，全面排挤和打击王安石新党势力。

在由王安石变法所引起的党争中，比较而言，程颢的态度并不很激烈。在变法之初的熙宁元年，他在《论王霸札子》和《论十事札子》中也主张变法。朱熹后来指出："新法之行，诸公实共谋之，虽明道先生不以为不是，盖那时也是合变时节。但后来人情汹汹，明道始劝之以不可做逆人情底事。及王氏排众议行之甚力，而诸公始退散。"（《朱子语类》卷一三〇）一次，王安石与诸大臣在殿上争论变法，王安石大发雷霆，当场就要罢他人之职。程颢见此，心平气和地对王安石说："天下事非一家私议，愿平气以听。"见是程颢劝告，"安石为之愧屈"，便感到自己有些失态了。

程颢是在看到新法实行中之弊端后才反对新法的。程颢在《谏新法疏》中说："近日所闻，尤为未便。伏见制置条例司疏驳大臣之奏，举劾不奉行之官，徒使中外物情，愈致惊骇，是乃举一偏而尽沮公议，因小事而先失众心。"他主张撤免扰乱地方的提举官，停止"取息"牟利的青苗法，代之以"去息"的仁政。由于"意多不合，事出必论列，数月之间，章数十上"。在新法诸多不便中，"尤极论者：辅臣不同心，小臣与大计，公论不行，青苗取息，卖祠部牒，差提举官多非其人及不经封驳，京东转运司剥民希宠不加黜责，兴利之臣日进，尚德之风浸衰等十余事"(《程氏文集》卷十一《明道先生行状》)。

程颢反对新法的另一重要原因则是针对王安石个人思想及能力而言的。他说:"王介甫性狠愎。众人以为不可,则执之愈坚。君子既去,所用皆小人,争为刻薄,故害天下益深。使众君子未与之敌,俟其势久自缓,委屈平章,尚有听从之理,则小人无隙以乘,其为害不至此之甚也。""用心太过、自信太厚""自以为我之所见,天下莫能及,人之议论与我合则喜之,与我不合则恶之""众人以为不可,则执之愈坚"(邵伯温《闻见前录》卷十五)。

程颢后来回顾这一段历史时,除认为新党太激进外,还反省了新党在做法上的失误:"新政之改,亦是吾党争之有太过,成就今日之事,涂炭天下,亦须两分其罪可也。当时天下,岌岌乎殆哉!……天祺(按:张载之弟张戬,字天祺)其曰于中书大悖,缘是介父大怒,遂以死力争于上前,上为之一以听用,从此党分矣。"(《程氏遗书》卷二上)这种失当,是时代使然,也不可过多指责旧党领袖司马光。故程颢说:"某接人多矣,不杂者三人,张子厚、邵尧夫、司马君实。"(《程氏遗书》卷二上)对此,朱熹也很赞同,在论及司马光时说,其"笃学力行,清修苦节。有德有言,有功有烈。深衣大带,张拱徐趋。遗像凛然,可肃薄夫"(《晦庵集》卷八十五《六先生画像赞》)。

元符三年(1100),哲宗猝然病逝,因无子,其弟赵佶继位,是为徽宗。由于当时向太后垂帘听政,罢去宰相章惇,元祐党人又得到起用,于是再次废除变法新政。然而未过一年,建中靖国元年(1101)正月,向太后去世,宋徽宗全面执掌大权后,政局为之一变。

崇宁元年(1102)九月,在童贯的支持下,失势的蔡京再度为相。一个月后,蔡京建议恢复熙宁新政,并上书徽宗,称司马光等人毁先圣之法,罪不容赦,应视其为奸党,夺其职爵,不如此不足以行先圣之法。

于是徽宗同意，并要蔡京将元祐时反对新法之人列籍呈上。

蔡京见阴谋得逞，遂将文臣执政官文彦博、吕公著、司马光、范纯仁、韩维、苏辙、吕大防、范纯礼、陆佃等22人，待制以上苏轼、范祖禹、晁补之、黄庭坚、程颐等48人，余官秦观等38人，武臣王献可等4人，总共120余名大臣以及搜集到的"罪状"呈报宋徽宗，并上奏说："请陛下御书刻石，以示后人。"徽宗阅后同意，并亲书"元祐党籍碑"作额，命工匠勒石立于文德殿端礼门前。不久，蔡京及同僚又上书说：元祐党人罪大恶极，但由于刻石仅立端礼门，目睹者甚少，天下士人未能尽知，连陈州的人都来询问。近在京畿尚且如此，更何况边远之地。乞以御书列奸党姓名，遍刻石于路府州军，示天下之人。徽宗于是同意，党人碑遂布各路府州军。

为了进一步打击元祐党人，蔡京又奏请将苏洵、苏轼、苏辙、黄庭坚、张耒、晁补之、秦观、马涓等人的文集以及范祖禹《唐鉴》、范镇《东斋记事》、刘攽《中山诗话》、文莹《湘山野录》等列为禁书，尽行销毁。并说："如不严禁，则于绍述先圣不利。"于是徽宗同意，御批将上述书籍刻版，悉行焚毁。

"元祐党籍"成了蔡京打击异己的杀手锏。崇宁三年（1104），重定党籍，增至309人，明令党人子弟不论为官为民，一律不许留住汴京，悉数外迁。蔡京以此名义，前后迫害大小官员近千人。在党同伐异的同时，一批地道的奸邪小人也都围拢在了蔡京周围，他们相互勾结，无恶不作。其中恶贯满盈、人人欲得而诛之者有五人，分别是王黼、童贯、梁师成、李彦、朱勔，加之蔡京，时人呼之"六贼"，蔡京则为"六贼之首"。

熙宁三年（1070）三月初，程颢上《谏新法书》，再次反对推行新法。王安石闻讯，安排下属不许上报神宗。程颢知道后，于四月中旬又草《再上疏》。至九月，数月中连上十疏。由于遭到王安石的非议，程颢深感难以与其共事，便上书要求外放。

神宗觉得程颢是一个"真御史"，一片忠诚，又考虑到他曾任知县，善于断案，于是除其为京西提点刑狱。程颢接到诏书后，立即写了《辞京西提刑奏状》。神宗与王安石商议，是否予以挽留。王安石对程颢与孙觉、吕公著、张戬等一同反对新法很是恼火，早就难以容忍。他对神宗说：程颢反对新政，理应遭贬，现在不贬反升，如此下去，新法阻力必将更大。与其如此，倒不如自己辞职为好！神宗知王安石脾气倔强，担心其"撂挑子"影响实行新法，于是将程颢改差签书镇宁军节度判官。

一、吝河工澶渊开城

熙宁三年十月，程颢携家人到镇宁军治所澶州（今河南濮阳）上任。

节度判官，全称为签书判官厅公事，为节度使佐理，掌管文书等事务，职位列节度之内第三。自唐代起，此职多由京官改任。

到任后第三天，程颢前往拜见澶州知府，知府对程颢的到来很是高兴。

程颢说："澶州古为人杰地灵之地：颛顼帝在

此兴国，孔子居卫十载留有侯馆，且孔子高足子路死后亦葬于此，今墓园尚存，故卑职向往已久，只是不期今日以戴罪之身莅临，甚为惭愧。来日各方公务，还望大人多加关照指点。"

知府说："程大人不必过谦。下官早闻先生之令名，亦知先生为皇上所器重，今屈尊至此，得以相识，还望多多指教才是。"

知府一边说，一边把坐在一旁的府学教授及训导介绍给程颢，并说："澶州所辖之县甚少，有府学一座，各县皆有县学，虽办得不错，但比起你在晋城所办，则相差甚远。待安顿好之后，请李教授先陪同先生看一下府学，王训导再陪着到几个县看看。如何兴学育人，先生要多加点拨才是啊！"

程颢听此，站了起来，说："多蒙大人抬爱。实不相瞒，下官此次求皇上外放，一则是可远离京师，便于闭门思过；二则除公务之外，也便于多读几卷先哲之书。府学、县学我倒是真想一睹芳姿，至于赐教，则不敢当，也请免了吧！"

知府一听便笑了。"听程大人所言，全是肺腑之音。先生欲精研三坟五典，实不宜打扰，然府学与先生一墙为邻，其生员不得先生教诲，岂不令其懊悔终生？愚意，程先生传道讲学一事，请李教授妥为安排，一月一次也就是了。"

程颢见知府说得实在，也就应允了。

转眼到了十一月底。

深秋初冬农闲，历来是修河清淤的季节。澶州有一金堤河，是一条平原坡水河，全长300余里，夏秋时，上游数县境内涝雨水由此排入黄河。

经过两个多月的清淤筑堤，工程几近告竣，然因半个月来阴雨连绵，使得尾工难收。程颢奉知府之托，冒雨前往视察，见所留工程寥寥，鉴于天气骤寒，曾建议明年开春再修。

"我等穿着棉衣棉鞋尚觉寒冷，民工在冰冷的水中怎生了得？"他对主持工程的水丞程肪说，"工程所剩无几，来年春暖，不费些许时日即可完工，可否让民工暂返回家，以保无虞。"

程肪说："河防之役，向无此例。"他指着民工说："乡民役工，易散难聚，以工代赈，尚不踊跃，明年若是无米之炊，何以为继？且工部有明文，河工不完，不准放人。"

程肪转身对站在一旁的副手说："没有我的命令，无论老少，不准放走一人！"

程颢无奈，只得如实向知府做了禀报。知府碍于程肪为京官，也就没说什么。

阴雨过后，一连几天北风，片片雪花便飘落了下来。日刚过午，天就显得十分昏暗。雪虽不大，气温却急剧下降。程颢站在房檐下，望着空中的飞雪，心里想着工地上的民工，正不知如何是好。

这时，有两个负责把守城门的士官慌慌张张地跑了进来。

"程大人，不好了。"士官上气不接下气地说，"大人，修河的民工要进城，几百个人在外面把城门围上了！"

"还不赶快报告水丞大人。"程颢说。

"水丞大人前天回京去了，尚未回府。"士官说。

"那就开门放他们进城吧！"

"头头说，水丞大人早有交代，谁放民工进城逃跑，拿谁是问！"

程颢顿感事态严重，便三步并作两步，一路小跑来到城楼上。

众人一见是程颢，就大声嚷了起来。

"程大人，放我们进城吧！"

"程大人，人快冻死了，可怜可怜我们吧！"

"再不开门，就砸了！"

程颢回头望了一眼守门官，守门官脸有难色，说："水丞大人临走前下了死命令，小人实不敢做主。"

程颢见此，便说："我在这里，你就下令开门吧！我为通判，也有这个权限，水丞大人如怪罪下来，由我承当！"说完，立即走下城楼。

程颢对拥过来的民工说："大伙儿辛苦了！今天老天爷降雪，难干活计，大家就回家换换衣服，喝碗热汤，休息一下。前几天我到工地看过，活也不多了，若是后天天气放晴，还请大伙儿赶快回来，抓紧时间扫尾，争取早日竣工，以便尽快回家过年。"

众人听程颢说得在理，齐声说："请程大人放心，我等忘不了你的大恩大德啊！"

第二天，天即放晴，雪化了不少。第四天下午，他看到不少民工三五成群地往城外走，心里踏实了许多。

几天后，程颢正在衙中议事，手下报告说程水丞求见。

程颢一见程肪满面笑容，原想他可能是来兴师问罪的念头顿消。

"多谢通判大人啊！"一落座，未等程颢寒暄，程肪就先开口表示谢意。"那天若不是程大人及时赶到，险些酿出事端啊！"

程颢说："程大人公干进京，下官未得应允而处置，还望大人海涵才是。"

"哪里，哪里，通判大人过谦了。数百人聚在一起，若要闹出人命，怕今天就不能在这里见到大人了！"程肪说罢，笑了起来，"我是特来登门致谢的呀！"

程颢说："先哲有言：民惟邦本，本固邦宁。下官在晋城时，为不忘为政以德，曾以'视民如伤'为座右铭，悬于堂前。爱民、恤民，官德之首，进而富民、安民，方上不负圣上，下不负黎庶。"

"程大人说得极是。在下于此虽心有戚戚，然毕竟是一粗人，不当之处，还望通判大人多多指教。先生应急处置得当，使在下受益良多啊！"程肪说。

二、堵决口书生治黄

黄河发源于喀喇昆仑山，上游急流虽在峡谷中奔腾而泻，然并无水患。黄河自荥阳桃花峪以下进入平原，由于地势平缓，流速放缓，因而河床不断增高，出现"悬河"现象，一旦决口，往往造成特大水患。黄河从东阿县进入山东省后，多在丘陵与山谷间穿行，因而也少有水患。鉴于黄河沿岸如此地形，百姓对黄河堤防有"铜头铁尾豆腐腰"之谓。黄河开封至东明段，由于主河道位置徙移不定，摆动幅度很大，常常出现横河或斜河，从而造成大水冲堤之险。因这一段险情更多，被称为"豆腐腰之豆腐腰"。据《宋史》卷九十《河渠志》载，北宋167年间，黄河决溢89次，其中澶州地区达18次之多。

熙宁四年（1071）夏，开封、澶州一带连降暴雨。

七月初的一天傍晚，程颢正在院子中清理积水，咣当一声，大门被撞开，书办领着一位军士模样的人闯了进来。军士向程颢施了一礼，上气不接下气地说："京城一带黄河有决溢之险，奉州帅刘公之命，请通判即刻前往！"并指着门外的一匹马说，"来时刘帅已为先生备快马一匹。"程颢见情势紧急，忙对夫人说："那我这就走！"

快马在泥泞中奔走，天将亮时在河桥军营中见到开封府的刘公涣。

刘公涣说："由此往西约20余里有曹公埽，昨晨有水溢出，午后堤已决口，皇上十分焦急，命我带禁军前往堵口。我只会带兵打仗，不会治河，想到去年你曾参与修二股河，便把你请来了。"

程颢说："曹村河决，危及京城。我等作为臣子，即使以身赴水，也在所不惜。河桥这里水也在涨，你为主帅，可在这里坚守监视，我带厢兵急驰曹村去堵决口，若力量不足，你再带禁军支援。"

刘公涣见程颢行事果断，十分佩服，从怀中拿出印信一枚，一把递与程颢："程大人，你既然赶赴一线，这指挥大权就交给你了。一切为了堵口，有不听指挥者，任你处置！"

程颢率众厢兵赶到时，当地乡民已在堵口。决口不大，有三四丈宽。

程颢对厢兵说："养兵千日，用兵一时。今黄河有险，危及帝京，此正当你我为国家效命之时，下官即使舍出性命，也要与尔等复堵决口！"

士众听后无不感动，个个表示要为国家效力。程颢立即命令四个善泅者携带一条麻绳游到缺口对面，将绳拴在树上，其余一半厢兵带上工具，手拉麻绳渡到那边，以便从东、西两面同时复口。

由于有了统一指挥，堵口作业很快便有序展开了。

程颢把众人分成两班，以便日夜不停。每班有十几个厢兵负责打木桩，其余有的负责往水中扔石块，有的负责往草袋、麻袋及布袋中装土，有的负责将装满土的袋子扔到水中。第二天将近中午时，决口基本合龙。这时，从上游漂过来一棵水桶般粗细的大树，几位乡民游到跟前，将其拉了过来，横挡在决口处。决口处水速立即减小了许多，众人见此，十分兴奋，大喊"加油，加油！"不一会儿工夫便把决口全堵上了。

河桥军营附近的险情有所缓解，刘公涣便带了几十名禁军赶到了曹村，见决口已堵，喜出望外。

"程大人，要为你请功，请功啊！汴京无虞，确保圣安，大人当居首功！"

程颢说："要说有功，当是厢兵和乡民，没有他们，我是徒有两只空拳，只能干着急呀！不过，我也没想到两天就把这口子堵上了，这也是当今圣上圣明，苍天所佑啊！"

三、知扶沟除弊兴利

熙宁五年（1072），程颢父亲程珦汉州任满回到洛阳，朝廷下诏其为"管勾西京嵩山崇福宫"。年底，程颢在镇宁军节度判官任亦满，便上书监局，以便奉亲。得到朝廷同意后，他便回到了父亲身边。

王安石知程颢对变法不满，其回到洛阳一年多时间中一直不予任命新职，直到熙宁七年（1074），方得监西京洛河竹木务。

熙宁九年（1076）十月，王安石罢相，政治形势有所缓和，熙宁十年（1077）五月，因河南府贾昌衡等奏荐，朝廷改程颢为太常丞。元丰元年（1078）三月，程颢奉命赴蒲城祈雨毕，复相后的王安石仍不肯任用。直到年底，神宗见扶沟县令空缺，便下诏差知扶沟县事。

（一）纠恶习蔡河畅运

程颢对扶沟并不生疏，熙宁四年（1071）曹村治河时，他就听刘公涣说过：只有力保黄河南岸不决溢，才能确保京畿开封府之平安。刘公涣把地图摊给他看：扶沟位于汴京之南，属开封府，县城至京城约240里。

上任后的第三天，主簿前来拜见。程颢问道："黄主簿，县城至桐丘的路好走吗？"

"从县城向西，约20里，有官道可达。"主簿答道，"敢问大人，是拜访故旧还是探望亲朋？"

程颢一听笑了："我家祖上远在河北，后移居伊川，平原一带并无亲故。年轻时读《左传》，庄公二十八年载：'秋，子元以车六百乘伐郑……诸侯救郑，楚师夜遁，郑人将奔桐丘。'以是知之。今下官有幸为扶沟之宰，近在咫尺，岂能不前往一睹。"

黄主簿见新县令和蔼可亲，雅兴甚高，也很高兴。于是说："卑职家在南阳镇平，去岁到此任职，今春前往颍川郡公干时曾路经彼处，但未曾驻足。大人如前往访古，卑职跟随，岂不是有缘叨光了吗？"

第二天，在役人的引领下，程颢及主簿一行数人来到了一处叫天人岗的地方。

"大人，古桐丘今人俗称天人岗。"书办对程颢说。

初冬的桐丘有些萧瑟，十数株古柏森森而立，一位老丈背靠大树坐在地上，津津有味地看着七八只山羊在荒坡上啃草。

程颢顺着坡路走上了岗顶。岗顶起伏不平，与官道相比，坡高出地面约三丈左右，低处也有丈余。往远处眺望，长则有三四里，宽不足一里。

"名副其实啊！"程颢一边看，一边自言自语，"丘者，土之高也。"

众人来到一处残垣断壁前，在一株枝繁叶茂的皂角树之侧，有一通石碑歪立着。

程颢用手拂去上面的尘土，但由于石质被蚀，字迹已漫漶不清。

"岁月沧桑，岁月沧桑啊！"主簿走上前去也看了一遍，十分感慨。

程颢说："此碑虽残，然所记甚是分明。咸亨元年距今已四百零九年，可知四百年前这座庙香火繁盛得很啊！"他走到皂角树前，用手把了一下。"这棵树少说也有五百年了，吾等虽不得见当年盛况，可它却是桐丘的见证啊！"

"听说咱县原来的县城就在这里，是真的吗？"人群中不知谁问了一声。

程颢说："扶沟县原称桐丘，汉高帝十一年即立为县，是有名的古县，已经一千二百多年了。隋大业十四年时，因将新汲县并入，才取境内东有扶亭，西有洧水沟，而命名为"扶沟"，县治也才迁到今天县城这个位置。"

程颢见大家听得很认真，又说："来贵县之前一天，下官还翻看了一下《水经注》，郦道元到过此处。他在《洧水》条中说：'四面桐丘，其城邪长而不方。'到此一睹，所记与今存吻合，更知其言可信而不谬也。"

书办说："小人老家在本县韭菜园，距此不过数里之遥。过去也曾听老辈人说起过桐丘，但不得其详。程大人远在千里之外，却了然于胸。看来我等是读书太少了，太少了啊！"

程颢见书办对此很感兴趣，就接着说："古人重史，以史为鉴。当朝翰林学士司马光大人对史情有独钟，常讲要以古鉴今，资治世事，下官深以为然。故每到一地，必详其山川风物，知其先贤节士，谙其城郭疆界，访其乡老耆旧。否则，作为一县之宰，以其昏昏，岂能使人昭昭耶！"

两天后，程颢又对赤仓、崔桥两镇的集市做了视察。

扶沟县除农业发达、盛产粮食之外，手工业与商业也相当发达。赤仓、崔桥两镇的酿酒、酿醋、榨油、烧盆烧罐的制陶业也远近闻名，集市很是热闹。

程颢回到县衙门前，刚下马，有位站在街道一侧屋檐下的老人突然走上前来，"扑通"一声跪在跟前，高声说道："程老爷，小民要告状！"

"什么？告状？状告何人？状告何事？"

"小民是蔡河边上的船工，姓李。昨天夜里，河上的黑老二李霸天的手下吴六旺闯到船上抢劫，嫌我给的钱少，不仅将我老伴打伤，还放火烧了我的小船。听说新来的县太爷是清官，才敢来告状。望老爷为小民做主啊！"

程颢接过状纸，看了一下，对老汉安抚说："让县尉把你的名字记下，派人捉拿凶犯，本官亲自审问。您老人家就先回去吧！"

回到衙中，程颢请县尉和主簿前来，询问蔡河航运之事。

主簿说："汴水横亘中国，首承大河，漕引江、湖，利尽南海，半天下之财赋并山泽之百货，悉由此路而进。京城之成为天下之枢，实赖之名副其实。蔡河连通汴京西南诸州县，其功甚伟，故时人有'舟楫相继，商贾毕至，都下利之'之誉也。"

县尉说："蔡河流经我县，南输陈、颍、许、蔡、光、寿数州粮棉。

蔡河南下入颍，由颍入淮，又可达江南各州；经颍、沙又可达邓州、襄阳。广而言之，蔡河北通涿郡之渔商，南运江都之转输，比之于汴，实京城第二命脉也。"

程颢见县尉、主簿对蔡河航运与国家关系之重要与自己认识一致，就把话题转向了当下。他说："蔡河漕运如此重要，维系国家，扶沟地居要冲，何以匪盗如此猖獗，常年出没，竟敢于光天化日之下劫掠船民，焚烧舟楫？"

主簿答道："漕运遭劫，已非一日。据乡老所言，此邪已历将近百载。"

程颢问："沿河各地，如太康、宛丘诸县，情势如何？"

县尉说："向讯所缉获之案犯，其籍亦非皆为本县，外州外县以至荆楚鴂舌蛮人亦混迹其间者，十有二三。因其悉知扶沟段易于得手，故多结伙出没于此。"

程颢有些不解："案犯扶沟占其七八，其是偶尔为之抑或惯犯惯盗？"

"多为惯犯！有些竟祖孙三代以蔡河劫掠为生！"

"啊？"程颢大吃一惊，"何以三代为盗？"

主簿说："扶沟边鄙数十闾里，原本土地贫瘠，粮不敷用，太祖开基以来，虽赋税悉予蠲除，以苏民困，然因民风佻薄，讨荒他乡或沦而为窃者屡禁不绝，以至有数代为盗者。"

程颢仍觉不解，"古有'橘生淮南则为橘，生于淮北则为枳'之说，人则非也。中原民风淳朴，虽亦存鲍鱼之肆，然万不可不教而诛也。"他站了起来，接着说："待来日升堂，我亲自审问，之后再议处置。"

第三天，衙役将六个犯人带到大堂。程颢升堂审讯，除一人为荆襄流民外，其余五人均为当地人，为首者姓吴名六旺，34岁。

程颢问："吴六旺，我来问你，为何抢了李老汉钱财，还烧其船只？"

"回老爷的话。干我们这些活的，向来也是欺软怕硬。近两个月来，'生意'一直不好，酒也吃不得，肉也没得吃。前天夜里，见船上只有

106

老夫老妇，就心生歹意，不料船上只有半吊铜钱，弟兄们感到晦气，就一巴掌把老太婆打翻在地。他那只破船也不值钱，放火只是为了警告旁边的船户，一是不要过来管闲事，二是要他们心里害怕，到他那里时再不敢少给钱。"

程颢问："吴六旺，你劫财放火，侮辱长辈，毫无天良，难道你家就没有爹娘？若你家父母被人打骂，房舍被烧，你心作何想？"

一提到父母，吴六旺一下子把头低了下去。两边衙役大声嚷道："快讲！"

程颢说道："吴六旺，你家可有高堂？"

吴六旺低着头说："回老爷的话。我家也是贫困人家，父母年近70，两位老人皆患哮喘，寒冬一到，若无太阳，一天也难以出屋门半步。十天前，我在家侍奉老人，李霸天派人找到我家，要我到船上抢劫，还说，如若不来，就要取小人性命。小人害怕，这就来了。"

程颢问："你有何把柄抓在李霸天手中？"

吴六旺说："五年前，父母有病，借钱无门。一位路人说李霸天仗义疏才，可以帮忙。于是我就借了他五串钱。他说，以后只要跟他干活，钱可以不还。自那时起，我就每月跟他到蔡河沿岸，或十天，或半月，见粮抢粮，见钱抢钱。后来，父母问从哪里借来的钱，我说在外边打短工。去年夏天，父母知道了内情，让我跟李霸天一刀两断。可李霸天说，不干也好，还钱就行。"

"看来你是没有还他的钱。"

"李霸天说，我跟他干活，他管我吃饭，如果加上几件衣服，我还得倒找他钱呢。这不，他这七算八算，五年下来，五串钱驴打滚，就变成八十串了。"

程颢又问另外几人为何抢劫，所说与吴六旺大同小异。

程颢说："看来你们原来也都是良家子弟，只是一步走错，跌入泥潭。

古人云：人非圣贤，孰能无过，过而能改，善莫大焉。今日本县就不判尔等之罪，放尔等回家。但有两条，须当堂定下保证：一是从今之后，不可再胡作非为，如若再犯，严惩不贷；二是出首李霸天，以便除恶务尽。"之后又吩咐县尉派人到河边查看一下，由县库支钱，帮船工李老汉把船修好。

吴六旺几人听罢，叩头不止，一个个在保证书上画了押。

不到半月，一天夜里，县尉在吴六旺的指引下，在王村渡口将喝得酩酊大醉的李霸天及其同伙三人一起捉拿归案。程颢与县尉商议后，在扶沟蔡河码头举行了公审，之后将三人一同下入大牢，上报刑部后待来年秋后处决。

沿岸船民听说李霸天即将伏法，深感大快人心，无不欢欣，有的还燃放鞭炮庆贺。程颢对县尉说，要趁船民情绪高涨，把大伙组织起来，派班巡逻，有警即报，以保码头今后治安平稳，漕运无虞。

（二）办乡校移风教民

几天后，程颢把县尉、主簿、书办等请到县衙。

程颢先拿出《论语》，翻到第十三篇，念了起来："子适卫，冉有仆。子曰：'庶矣哉！'冉有曰：'既庶矣，又何加焉？'曰：'富之。'曰：'既富矣，又何加焉？'曰：'教之。'"

之后他说："下官到任以来，一直在想何以为政。想来无他，唯遵先哲教诲，为政以德是从，教民、安民、富民而已。刚才之所以读夫子之语，意即遵圣人之训，欲在城郊诸乡景况好兴办乡校，先做出示范，渐次推广；从乡校中挑选好者入县学，再选拔优者入书院深造。"

主簿听说要办书院，心头为之一振。"程大人适才说到办书院，实为一大创举。我县生员优异者甚多，往者，因颍川郡及京师名额有限，大半不能前往就读。若扶沟办书院，不唯我县，即如鄢陵、宛丘之生员，也必趋之若鹜啊！"

元丰二年（1079）春，扶沟城郊及韭菜园、汴岗、柴岗、赤仓、崔桥等地办了6所乡校。

赤仓乡校设在一所祠堂院内的厢房中，定于二月初二开班。那天，程颢与主簿亲自到场祝贺。担任讲课的先生姓刘，原在颍川郡长社县学任教，听说本乡设了学校，就辞职返回了故园。

程颢被邀请训话。他说：刘老先生热爱乡梓之情使我为之动容，望能有更多在京、府、州从教的扶沟学人回县任教。他又说：十年树木，百年树人。办学兴教，育人应始于稚童。若人人明礼义，懂规矩，辨是非，知羞愧，不唯个人成才，为国之栋梁，实可促社风民风丕变，功在当世，利在千秋。愿赤仓乡校愈办愈好，以成范式，引领全县。

6所乡校的出现，使近200个农家弟子有机会读书明理，一年后，有10多个优秀者还被选拔到了府学。在其影响下，又有10多个村镇办起了学校，尤其县城，西街、南街、北关、东关一下子办起了4所。

程颢在任期间，是扶沟历史上教育发展最好的一个时期。学风的兴盛，促进了民风、社会风气的转变，同时也带动了商业的繁荣，扶沟县城一时成了周边各县的商业中心。

（三）兴书院培英育才

元丰二年（1079）秋，书院筹办就绪。

这天，程颢来到书院，看到讲堂收拾得整整齐齐，院内打扫得一干二净，十分高兴。这时，有位生员过来说：程老大人及二先生来。

程颢还未走出大门，只见程珦、程颐已进了院子，同来的还有一位年轻人。程颢见过父亲，程颐把年轻人拉过来介绍说：这位年轻人叫谢良佐，上蔡人。

谢良佐忙上前向程颢施了礼，又后退两步说："学生谢良佐，拜见先生。"

程颢端详了他一下,说:"去年在京师时,就听人说上蔡谢显道,治《论语》多有心得,独钟孟子'仁'学。显道可就是你吗?"

"正是学生。"

"你在学界已小有名气,何以再到扶沟?"

谢良佐说:"学生今年已28岁,虽学有专攻,然终觉肤浅,不得儒学之精要。程大人及二先生中州硕儒,闻名遐迩,特来就教,以求先生垂鉴玉成。"

程颢道:"尔既然有志于此道,就请暂且住下,以后与众人共同切磋吧!"

程颐见几个学生正在种树,就让谢良佐挑了株槐树,并把程颢叫了过来,说:"十年树木,百年树人。槐树性同松柏,千年隆茂。今天你我兄弟与良佐一同栽下这株槐树,一来留作纪念,二来亦显吾侪育人之意。"

程颢连声说好,顺手拿过铁铲封土,谢良佐从前院提来一桶水浇上。

不一会儿,只见主簿大人领着一位匠人手提一块匾牌走了进来。主簿对程颢说:"大人,今天可是个好日子呀!你写的'书院'二字,我已让工匠制成匾额,今天就挂上吧!"

说着,工匠爬上梯子,只听得"啪啪"两声,一块醒目的"书院"匾牌便固定在了那里。

晚饭时,程颢听弟弟说明天有事要到汴京,就对程颐说:"学院虽已开办,师资遂成紧要。原想你我可应对一时,你若进京,仅为兄一人,县中公务繁多,讲学势必不成。故请你多加留意,务请一两位德学兼备者前来方好。"

半个月后,程颢在家中陪父亲刚用过午饭,程颐从开封回来了。

"可请来教授?"程颐还未坐稳,程颢就急切地发问。

"请到了。我是先送教授到书院,陪其用过饭才过来的。"程颐说。

"教授学业如何?"

"此人姓游名酢,建州建阳人。该生聪慧过人,学习刻苦,19岁举乡贡,今年25岁。上个月游学至汴京,为弟与其交谈,感其为一谦谦君子,德道学问俱佳,其资可以进道,故而陪其回来。"

程颢来到书院时,游酢正在与谢良佐交谈。见到程颢,立即站起来行礼,并说:"学生仰慕先生已久,今日得在中州拜先生为师,实三生有幸。"

程颢握着游酢之手,说:"颐弟已向下官言讲,游先生学养淳厚,其资可以进道。目下书院人手不足,先生到来,也是天公作美,助我事功。你就一边担任教授,一边与诸生员切磋学问吧。"

一天傍晚,游酢与谢良佐正在书院门口一边溜达,一边交谈,迎面来了一位外地装束的年轻人。

年轻人向二人打了一躬:"请问二位学长,此处可是扶沟书院?"

游酢一听来人是南方口音,上下打量了一下客人,问道:"敢问兄长欲找何人?"

"找一位名叫谢良佐的学兄!"

谢良佐一听找自己,心中不免有些纳闷:"请问尊兄,找谢良佐有何贵干?"

来人见二人很是客气,便说:"在下南剑将乐人杨时,专来中州求学拜见程大人。前几日在汴京逗留,文彦博大人说,有一学兄谢良佐已在程大人处求学,只须见到他,也就找到了程大人。故此寻谢兄。"

谢良佐对杨时也是早闻其名,一听又是文彦博所荐,脸上立刻堆满了笑容,一把从杨时肩上接过行李,说道:"在下便是谢良佐。杨兄,快请,快请!"

程颢对杨时的到来有些兴奋。过去,他曾与程颐讨论过,春秋诸子

位于扶沟县城的大程书院

多为中原及北方人,以至汉唐,南方始终没有出现影响较大的学派。其原因,主要是交流欠缺。如孔子当年游学能至荆楚,则湖广文化之发达,早已可想而知矣。西晋、唐末以来,中原人多次大规模迁播江浙、闽赣及岭南,遂使南方农耕文化渐次发达,人文蔚起,以至出现了"东南邹鲁"之誉。游酢、杨时游学汴、洛,如学业有成,其影响必定不小。

有鉴于此,程颢格外留意游、杨之学业。

谢良佐,皇祐二年(1050)生于上蔡,自到扶沟拜程颢为师后,研读儒家经典十分用心。由于书院初办,住室不够,最初,程颢将其安排在一间小茅屋中居住。虽然四壁透风,十分寒冷,但他毫不在意,每天将所听程颢之讲写入日记之中,并结合自己的心得加以领会。他感到学习儒家经典,修身为第一要务,孔子所说"克己"尤其重要,主张在克制个人中,须从本性最难克服之处克服,因而提出,修身的最大障碍在于"矜",在于刚愎自用。他说,人若怀自欺欺人之心态,必生骄傲自大之气势,此皆由"矜"而生。

一次,程颐问谢良佐:"一年来有何进益?"他很爽快地答道:"唯去得一'矜'字。"程颐听后很高兴,说:"子曰:学而不思则罔。你能独立思考,为师尤其慰心。"在程颢的表彰、提倡下,"良佐去矜"不仅一时成为生员的座右铭,也成了扶沟书院的千古佳话。

一些同学向谢良佐请教学习方法,他说,最重要的是立志:"人须先立志,立志则有根本。"人又问何以立志,他答道:古人云,千里之行，始于足下。立志忌好高骛远。"莫为英雄之态，而有大人之器；莫为一身之谋，而有天下之志；莫为终身之计，而有后世之虑。"

在扶沟书院，谢良佐接受了二程"格物穷理"的思想。他认为"天理"是"自然的道理"，"天理"与人欲相对立，要恢复"天理"，必须扫除心中的人欲。他说，"格物穷理"非是物物去探求物理，而是要"穷其大者"，抓住最重要的道理。遵循"天理"，则人与天合一。这一思想，上承二程，下启朱熹"穷理"之论，又开陆象山"人皆有是心，心皆具是理。心即理"之论的先河。

谢良佐是心学的奠基人、湖湘学派的鼻祖，在程朱理学的发展史上起到桥梁作用。明末清初思想家黄宗羲对谢良佐评价很高，他在《宋元学案·上蔡学案》中说："程门高弟，予窃以上蔡第一。""其论仁以'觉'，以'生意'，论诚以'实理'，论敬以'常惺惺'，论穷理以求是，皆其所独得，以发明师说者也。"谢良佐晚年研究佛学也很独到，故黄宗羲又认为其学术上的一大特色是"以禅证儒"。

游酢，皇祐五年（1053）生于建阳长坪，字定夫，号广平。自到书院见到程颢之后，时时留心学习。在谢良佐的启发下，他也准备了一个本子，随时将先生的言行记录在册，之后反复体味。

一天，杨时见游酢又在整理笔记，就走到跟前，慢条斯理地说："游兄所记先生金石良言，小弟可得一睹乎？"

游酢见状，顺手把本子递了过去，说："中原有谚曰：丑媳妇不怕见公婆。既然杨兄前来指教，敢不从命乎！"

杨时扫了一眼，很是高兴。"全是先生治世宏论，你这个本子虽小，但可是个宝库啊。游兄，你来念，让我也抄一下吧。"

于是，游酢轻声地念了起来：

  善言治天下者，不患法度之不立，而患人材之不成。善修身者，不患器质之不美，而患师学之不明。人材不成，虽有良法美意，孰与行之？师学不明，虽有受道之质，孰与成之？

杨时记完后，又让游酢从头念了一遍，核对无错，这才把本子合上。之后颇有些感慨地说："前几年就想北上拜师，无奈身体欠佳。来此月余，听程先生说道，倍感受用终身。古人云'恨相见甚晚'，其意深邃，今始体会得一二也！"

游酢也有同感，说："自到扶沟见到先生，小弟我从来不敢懈怠，故日日有所记，天天有所问。我欲在结业时，将其整理成《明道先生语录》，付梓印行，以便使更多人了解先生宏论。"

游酢于元丰五年（1082）中进士，曾任萧山县尉，元祐元年（1086）召升为太学录，后任河清知县。范纯仁为颍昌知府时，聘其为府学教授。元祐八年（1093）范任宰相时，任命游酢为太学博士。范纯仁罢相后，游酢求外任，授齐州判官，回任监察御史，又出知和州、舒州、濠州。游酢品行纯正，高风亮节，所到之处，政声优卓。其父亲逝世后，求返故里守孝，曾在家乡鹰山之麓筑草堂，一边讲学，一边著述，有《〈论语〉〈孟子〉杂解》《〈中庸〉义》等传世。

杨时，字中立，号龟山。熙宁九年（1076）为进士，年方24岁，授汀州司户参军，以病为由未赴任。元丰四年（1081）被授予徐州司法，为专心研究理学而专赴扶沟，拜师于程颢门下。

在扶沟期间，杨时较其他学生最突出的特点是善于经常提出问题，请求程颢开讲或加以阐述。

他问：何为人才，怎样使用人才？

程颢道：自古治乱相承，君子多小人少则治，小人多君子少则乱。做新人才难，变易人才易。今诸人之才皆可用，且人岂肯为小人？在君、相变化如何耳！若宰相用君子，孰不肯为君子？

他问：何为诚？

程颢道：学者不可以不诚，不诚无以为善，不诚无以成君子。诚者敬也。不诚不敬。学贵信，信在诚。诚则信矣，信则诚矣。不信不立，不诚不行。

他问：何为天理？天理是否是自然之理与治世之理？

程颢道：吾学虽有所授，但"天理"二字却是自家体贴出来的。何为理？理则天下只是一个理，故推之四海而准，须是质诸天地，考诸三王不易之理。万物莫不有对，独阴不生，独阳不生。生生之理，自然不息。天与地对，阴与阳对，寒与暑对，明与暗对，好与坏对，君子与小人对，君与臣对。一阴一阳，一善一恶；阳长则阴消，善增则恶减。寒往则暑来，暑往则寒来，寒暑相推则岁成矣。

他问：何为仁？

程颢道：学者须先识仁。仁者，浑然与物同体。义、理、知、信皆仁也。识得此理，以诚敬存之而已，不须防检，不须穷索。若心懈则有防，心苟不懈，何防之有？理有未得，故须求索，存久自明，安得求索？

元丰三年（1080）夏，程颢听说杨时接到家书，便说："自到扶沟以来，你每每来问，每每抄写，真可谓用心矣，今将南归，能将'理'之义加以概括否？"

杨时答道："先生关于理之阐述，可谓振聋发聩，只是学生识得太浅。先生说的理即心，心即理。意为天下只是一理，只是一个自然之理。有物必有则，物即是形色，即是天性。不循天理之正者，非圣贤之道也。"

程颢听后，脸上不禁充满笑容，他看了看坐在一旁听得入神的谢良佐、游酢、吕大临诸人，连声赞道："杨君最会得容易，最会得容易！"又说："自信如此，谁能御之？"

杨时要返回故乡，程颢率诸弟子送至村外。望着那远去的背影，他既感慨又自信："吾道南矣！"

杨时一生重大的贡献在于精研理学，特别是他"倡道东南"，对闽学的兴起有筚路蓝缕之功，后人尊其为"闽学鼻祖"。由于其哲学思想继承了二程的思想体系，因而又被后人称为"程氏正宗"。他对"理一分殊"之学说有新的创见，对后来的罗从彦、李侗、朱熹等人产生了深刻的影响。杨时的思想不仅在我国古代哲学，特别是思辨哲学方面具有重要的地位，其学说在韩国和日本也有很大的影响。杨时著述很多，如《礼记解义》《周易解义》《三经义辩》《二程粹言》等，杨时的著述主要保存在《杨龟山先生文集》之中。

（四）薄征敛重农安民

春分过后，程颢在主簿陪同下到各地劝农。

前一年秋天，扶沟的墒情很好，麦子种得很及时，出苗也很好，加上冬至时又下了一场小雪，麦子长势一直很好。然而，此后整个冬天再没雨雪，加上这里多是黄沙质壤土，旱情已经出现，不少地块麦子的叶片已发黄，叶梢已焦。

靠河边的地块已有农夫在浇地。他们在河滩里挖条水沟，把水引到岸边，然后用桔槔把水提上来灌进麦田里。

离河岸较远的麦田却喝不到河里的水。望着万里晴空，听着耳边呼呼的干风，不少人一筹莫展。

在城南前张村，程颢问一位老农："天旱已久，为何不见你们浇麦？"

"浇麦？咱们这里祖祖辈辈从来不浇麦呀！"农夫一边说，一边指着天空，"再说，如此天旱，河里、坑里之水不干即涸，哪里有水可浇？"

程颢说："麦子无收，一家老小怎么办？"

"是啊，没办法呀！半个多月啦，村里的老太婆天天到龙王庙烧香、磕头，做梦都盼老天爷下场雨呀！"

程颢："俗话说：庄稼不等人。老天爷要是再过一个月不下雨，你们不是干着急嘛！扶沟一马平川，水位又高，何不挖井浇灌麦田？"

"淘井？"农夫上下打量着程颢。主簿见状，说："大人是程知县！"

"程知县？程大人？"

"程大人，你会淘井？"

程颢说："是啊。淘口土井，不过半天工夫，挖五六尺或七八尺即可见水。即使一桶一桶地挑，一盆一盆地端，也能把地浇上一遍，岂不比坐等强上千倍！"

"这倒是个好主意。明天我就叫上弟弟一起来，先在地北头淘口井。"

几天后，程颢又把四乡几个村的里正、户长请到前张村实地观看土井浇麦的效果，叮嘱他们赶快回村动员农户挖井浇麦。他说："人误地一时，地误人一季。看来老天爷难降甘霖，列位及众乡亲也就赶快动手挖井吧。"

前张村的经验很快传遍了全县，各乡村七成以上的麦田得到了水浇。

农谚曰：春旱连着秋涝。当年初秋，扶沟连降暴雨。

天刚放晴，程颢与县尉便带着几个属下下乡了解灾情。不料，刚出县城不到五里，淅淅沥沥的小雨不一会儿就变成了瓢泼大雨。

踏着泥泞，蹚着河水，他们深一脚浅一脚地查看了几处地势较低的村子。

大片的谷子、豆子倒伏在地里；在一些低凹处，一人多高的高粱只能看到一半。

眼看着就要到手的粮食被连绵的阴雨吞噬了。

回到县衙，程颢把主簿请了过来。他说："夏粮虽没有丰收，然百姓尚能温饱；这秋粮绝收，今冬明春的苦日子百姓难熬啊！"

主簿说："如果三两天能够放晴，一些地势较高的大田还可种点荞麦之类的作物。"

程颢说："今天请你过来，主要是议一下向朝廷上疏以求赈济。你粗略地核计一下，全县共需赈粮多少。"

主簿说:"前两天我已算过,以人口计,约在六千石左右。"

"这就好,"程颢说,"只要你我心中有数,便可向司农呈递文书。"

一个月后,京城派司农到几个县核实受灾赈粮情况。

司农对程颢说:"今秋贵县及太康、西华、宛丘诸地遭到百年不遇水灾,百姓缺粮已成定局,朝廷已明令蠲免税赋,并备数千石粮米以赈。近日又接几县文报,称已筹得陈粮若干,无须再要朝廷钱粮。上峰特命下官前来核查,以免有不实之报。"

程颢一听他县自称已备陈粮,先是吃了一惊,随后就笑了。

他说:"实不瞒司农大人,卑职所在之扶沟,今春虽遇大旱,因挖井浇田,小麦尚有收成,也还算是个平平年吧。宛丘等地,大块大块麦田几乎绝收,百姓不得果腹,陈粮何来之有?"

"下官也感纳闷,故到贵县,一来求教,二来稽核贵县所需数额可有减否?"

程颢说:"大人想必知道,今秋是百官考稽之年,故有人惧怕赈粮过多脸上无彩,影响升迁。卑县有饥民约二千余户,需赈粮六千余石,万望大人予以核查,允准勿减,以免黎庶有冻馁之虞。"

司农见程颢如此坦诚,也笑了,说:"大人难道就未想到升迁?"

"圣上委卑职知扶沟,一命之士,唯下对百姓无私,做到保民、安民,方可上对朝廷无愧,以诚以敬。至于荣辱迁贬,随遇而安也就是了。"

程颢略停了一下,又说,"司农大人既然光临卑县,在下另有一事也须禀告。"

司农说:"莫非还要增添?"

程颢说:"增添倒也不必,只是发放之法卑县想略有变更。往岁放赈,皆以户为准。然户有大小,有人多人少之别,若全然平均,丁口众者难免仍有不足。故本县欲以丁口为准:多者多予,少者酌减。"

司农说："大人如此想法，甚合实情。只是擅改有司规矩，下官尚不得自专，须容禀后妥为处置的好。"

程颢忙起身道："多谢大人体谅！放赈粮额卑县具表以实上报，若有司以为不妥予而追究，下官以乌纱承担也就是了。"

司农道："程大人所为皆为百姓着想，下官回京后定从速呈报，不使有误就是了。"

元丰三年（1080）九月，诏程颢为奉仪郎。接到诏书，程颢立即想到：在扶沟的日子可能不多了。

几天后，程颢又接到通知，说朝廷要派员到扶沟试行新法，将输役钱从三等户征到四等户。

宋朝沿用北朝至唐代的九等户制，将乡村主户分为五等户，城市坊郭主户分为十等户。

乡村主户分成五等户的依据是财产的多少。一般说来，一、二等户是地主，三等户既有地主也有较富裕的农民，四、五等户则都是贫苦的自耕农。故一、二、三等户为乡村上户，四、五等户为乡村下户。

按照宋朝政府的规定，五等户的划分应三年一次，即每逢闰年，就须重新编造一次五等丁产簿，既记录乡村主户的人丁，又登载各户的财产。但由于全国各地情况不同，国家并未对财产（如土地及各种收入）的多少做统一规定，因而不同郡路各行其是。但在政治上却有明确的要求：仁宗时规定，三大户就是乡村的耆长。神宗时又规定，五个等级的升降，盖视家产高下，须凭本县，本县须凭户长、里正，户长、里正须凭邻里。这样，耆长、户长、里正实际上就成了乡村政权的负责人。

北宋时睢阳（今河南商丘南）人毕仲衍（1040—1082），神宗时曾任司农寺主簿，在其著《中书备对》（见《永乐大典》卷7507）中，载有开封府界、京西北路及各路乡村主户分摊役钱等资料。如开封府界：

神宗熙宁四年（1071），"司农寺言：乞差府界提点司委官分诣诸县，同造五等簿，升降人户。如敢将四等已下户不及得自来中等已上物力，升在三等，致人户诉，其当职官吏并从违制，不赦降"。京东东路和西路的役钱都是"乡村、坊郭以人户家业贯百、田土折亩敷出"。京西南、北路："乡村主户品量家业分等。坊郭户依科配体例敷出。乡村客户物力及主户第三等已上者依主户例。"

由此可知，当时朝廷早有规定，输役钱只征到三等户以上。现在新法要扩大征收范围，这将如何是好？

朝廷委派的大员终于来了，是司农寺少卿。

听了司农寺少卿说明来意之后，程颢说："卑职来扶沟已近三载，深知此县虽田亩平阔，然地力贫瘠，每年夏秋两季所收，仅能温饱而已，天气稍有不测，即须放赈。扶沟地临京畿，岁有讨荒者流入京城，卑职深感不安，愧对当今圣上。"

司农寺少卿道："下官临行前，圣上也有明示，要在下悉听程知县尊意。"

程颢道："卑职已具疏文申奏，烦请大人呈与圣上，望能仍依往例而行。"

几天后，神宗看到了司农寺所呈程颢奏章。疏曰："卑职莅知扶沟三载，有愧圣上之期，至今尚有半数黎庶未解温饱之困。去年朝廷放赈，今岁圣上再免田亩之捐，万民无不称颂。卑职曾知上元，扶沟一、二、三等上户，其田亩资财与上元比对，难有其三、四；四、五等下户，几乎全不能自给。卑职深恐输役之钱征之四等，民难堪其负而不得安。若强行抑配，又难免民变滋生。故乞再启圣恩，依旧例而征。伏惟陛下详思而允准，扶沟甚幸，天下甚幸！"

神宗看过奏书，对司农寺少卿道："程颢尝为御史里行，历来具表求实。此疏爱民、安民之心，洵属可贵。扶沟位临京畿，咫尺之遥，朝

120

廷之恩倘若不能及，岂不引发朝议？朕意，暂依旧例而行为妥。"

司农寺少卿见皇上改变了主意，也就顺势称颂"圣上英明"，第二天即将邸报发至扶沟。

程颢见状，心中一块石头落地。他面北自言："诚感圣恩。输役得免，微臣去职也就放心了！"

十月中旬，新县令上任，程颢与之交割后即北上返京。

嵩阳聚生徒　伊皋建书院

熙宁五年（1072）年底，程珦汉州任满，朝廷除其为"管勾西京嵩山崇福宫"，回到了洛阳。时程颢镇宁军节度判官亦任满，遂上书请求监局，以便奉亲，得准罢职后回到了洛阳履道坊。

一、讲"四书"安身立命

崇福宫是供奉真宗御容的地方，与嵩阳书院为邻。时程颢未得新职，且士之从学者日多，有的甚至不远千里。征得父亲的同意，程颢便在家中和嵩阳书院两处讲学授课。

自汉武帝设五经博士以后，《易》《书》《诗》《礼》《春秋》之学即为显学，为士子必习之经典。在嵩阳书院开讲的第一天，程颢就用讨论的方式与学生互动。

程颢问年轻人："'五经'内容浩繁，欲把握儒家学说之要，须从何处切入？"

一位学生爽朗地回答说："众所周知，《易》为'五经'之首，欲学'五经'，理当以《易》为先。"

一位学生说："孔子为儒学之圣，欲学'五经'，当以《论语》为先。且开国之相赵普忠献公有言：'半部论语治天下。'故而可知，习'五经'应从《论语》始。"

程颢听后未置可否，接着又问："欲知从何处切入，门径在哪里，须首先明白读书为何，是为利、为名，抑或为官、为权？"

一位学生说："听先生言，可知士之读书者有二，一者视读书为进身之阶，为财、为名，为官、为权；一者视读书为明理之阶，用以养德修身。"

程颢说："读书为稻粱之谋，本无可厚非。先帝真宗即言：书中自有千钟粟，书中自有黄金屋，书中自有颜如玉，书中车马多如簇。然我等读书则有孔颜之乐也。于此，张载先生所言十分精到，他说'为天地立心，为生民立命，为往圣继绝学，为万世开太平'，意谓君子之志高远，读儒家之论，必明儒家之理。"

"是啊，我们来自四面八方，跋山涉水投先生门下，所求唯修身安命之学也。"一个学生说。

程颢道："安命修身，为儒家所倡。然修身安命德为本，仁为径。此《大学》《中庸》《论语》《孟子》之旨，所言甚精。"

《大学》《中庸》本为《礼记》中之篇章，程颢将其从中抽出而与《论语》《孟子》相提并论，学生们闻所未闻，感到突然。

程颢见讲堂内鸦雀无声，便知道学生对此不解，但他没有接着讲下去。

"何为《大学》之道？"他向一位学生提问。

"大学之道在明明德，在亲民，在止于至善。"学生先念了原文，接着说，"也就是说，儒家之学最根本的学问、最核心的思想，就是提倡和发扬好的德行及德政，使居于上位者能体察民情和顺从民意，从而使社会治理和黎民之品质达到至善至美的最高境界。"

"所讲极是。"程颢对该学生的理解表示赞同，接着说，"富润屋，德润身。故《大学》言：'自天子以至庶人，壹是皆以修身为本'。"他拿起手边的《礼记》念道："是故君子先慎乎德。有德此有人，有人此有土，有土此有财，有财此有用。德者本也，财者末也。"

一学生问道："先生，'止于至善'何谓也？"

程颢道："止者，必至于是而不牵之意；至善，则事理当然之极也。《尚书》曰：'德维善政，政在养民。'当年范文正公庆历新政，向仁宗上《答手诏条陈十事》疏，于'厚农桑'中引是语曰：'此言圣人之德惟在善政，善政之要，惟在养民。'故崇圣必崇德，崇德必向善，向善必养民。"

一学生说："请先生对《中庸》也略加批讲。"

程颢道："《中庸》一章，最要紧的是下面一段，即'喜怒哀乐之未发谓之中，发而皆中节谓之和。中也者，天下之大本也；和也者，天下之达道也。致中和，天地位焉，万物育焉'。由此可知，不偏之谓中，不易之谓庸。中者，天下之正道；庸者，天下之正理。试想，天下之人如皆能行中庸之道，何来争战，何来劫掠，何来尔虞我诈？为政者行中庸之道，则天下皆仁政也。故我等以中庸之道处世，不仅无过而不及，且能以不变应天下之万变也。"

"听先生之言，方知中庸亦乃至道也。"一学生说，"如此看来，中庸岂不亦为修身养德、安身立命之本耶！"

程颢说："说中庸为修身养德之本，此言极是。明乎此，则可知将《大学》《中庸》从《礼记》中抽出而与《论语》《孟子》同列之缘由；明乎此，亦可知习儒家之学应从此四书入门之缘由也。一言以蔽之，《大学》《中庸》皆以修身为本，熟读其一，则终生受用不尽也。"

几天后的一个晚上，程珦把程颢兄弟叫到住室。

程珦对程颐说："昨天我听几个学生在一起议论，说'大先生把《大学》《中庸》《论语》《孟子》并称为"四书"，此可谓董子之后尊儒之一大作为'。不知你哥哥是否有过此语？"

程颢见父亲对此事如此关注，立即说："确有此事。这也是孩儿三十多年来每每思虑儒学精义之结果。不知当否？"

程珦说："三十多年来，你一边为官，一边讲学，有此熟虑，却也不易。你弟弟则专心穷经,也已半生,可谓学富天下,你就说给他听听,以使完善。"

程颢说:"孔夫子之学重周礼,一生主张立德修身,以德为政。夫子之道一以贯之,忠恕而已。故《大学》一章,实夫子讲授'初学入德之门'之要籍;曾子将夫子所讲记录成编,其功德甚伟。夫子心法曰仁。一日克己复礼,天下归仁矣。'子思笔之子书,以授孟子'。故子思于《中庸》,其功德甚伟。"

程颐对程珦说:"哥哥所言极是、极精。考儒家经典,孔子、曾子、子思、孟子四子最为深邃。故四子并称,并非别出心裁,而是实至名归,无半点虚妄。"

程珦听后点了点头,说:"读书做学问,全靠真功夫,来不得半点虚浮。讲学育人,功在千秋,万不可哗众取宠。'四书'之论既可立,人知安身立命之本,体用一致,后人则必尊奉之。此亦我程门对学界之一德也。"

二、建书院高论大德

程颢在嵩阳书院讲学一年有余,因朝廷没有新的任命,他也乐得毫无挂碍,能够专心讲学,同时思考一些问题。

熙宁七年(1074)夏,由于年高,加之崇福宫无事,程珦便对程颢、程颐说:与其一人常年住在山里,老迈孤单无聊,倒不如回到履道里家中,能够经常见到亲朋旧友有趣些。考虑到父亲年近古稀,兄弟二人便答应了父亲。

不久,朝廷对程颢有了新的任命,得监西京洛河抽税竹木务。

竹木务是宋代主要的竹木税收机构,隶属于将作监管辖。竹木是宋代的主要建筑材料,用量极大,因而其税收是国家财政的主要来源之一。

监竹木务看起来是一个很好的差事，但对程颢来说，却只是个闲职，从而使他有时间从事讲学，并经常与邵雍、司马光、吕公著往来，或切磋经典，或议论时政。

由于程颢闻名遐迩，前来就学者日多。其弟子邢恕在《伊洛渊源录》（卷二）中曾对这一段时间内程颢的讲学活动有较详细的记述："在仕者皆慕化之，从之质疑解惑；闾里士大夫皆高仰之，乐从之游；学士皆宗师之，讲道劝义；行李之往来过洛者，苟知名有识，必造其门。虚而往，实而归，莫不心醉，敛衽而诚服。于是，先生身益退，位益卑，而名益高于天下。"

熙宁十年（1077）五月，因河南府尹贾昌衡的极力推荐，程颢改太常丞。元丰元年（1078）冬，以太常丞知扶沟县事。元丰三年（1080）九月，官制改，除奉议郎，未及阅月，任满罢职。时程珦寓居颍昌府韩维处，程颢从扶沟来到颍昌侍其父。

元丰五年（1082）春，文彦博复以太尉判西京留守。

一天，程颢对父说，求学者日渐增多，看来全住在履道里自己家中已有人满之虞，不知何处有较宽敞的去处。

程珦说，前年他到伊阙东山，见胜善上方寺林木葱郁，院庭空旷，荒废多年，如稍加整理，倒是个很好的讲学授徒之地。潞公文彦博在洛阳主政多年，不妨向其提出。

听了父亲的介绍，第二天，程颢和弟弟程颐又前往看了看，也觉得甚好。于是，程颐便向文彦博写了一封信：

> 颐窃见胜善上方旧址，从来荒废为无用之地。野人率易，敢有干闻，欲得葺幽居于其上，为避暑著书之所。唐王龟构书堂于西谷，松斋之名传之至今。颐虽不才，亦能为龙门山添胜迹于后代，为门下之美事。可否，俟命。

文彦博接到程颐《上文潞公求龙门庵地小简》后很是高兴，感到二程目光远大，且皆为饱学之士，最适宜书院讲学。但考虑到东山寺房舍及庭院面积还太小，没有发展潜力，便回信告诉二程，愿把前些年在伊阙南鸣皋镇所买的一处庄园和十顷粮地相赠：

> 先生斯文己任，道尊海宇，著书立言，名重天下，从游之徒，归门其盛，龙门久荒，虽然茸幽，岂能容之？吾伊阙南鸣皋镇小庄一址，粮地十顷，谨奉构堂，以为著书讲道之所，不惟启后学之胜迹，亦当代斯文之美事。无为赐价，惟简是凭。

闻听文彦博将庄园相赠并有粮田十顷，程珦十分感激。

"潞公虑事极周，可谓用心良苦。"他对二程说，"所赠庄园有正

伊皋书院中二程所植柏树

屋与厢房,正好做讲堂和学生宿舍之用。良田十顷,既可供学生口粮,又解决了我家的生活问题。"

文彦博所赠庄园在伊河岸边的一个村子之中。院子有五六亩地大小,分前、后两院。前院有厅堂和厢房,可做讲堂、寝室之用,后院则可用作住宅。院子距伊河不过数十丈,四周是宅田,近河处种有蔬菜,他处除种庄稼外,还栽种了桃树、枣树、柿树等果木。

程颢和程颐前往书院查看准备工作,同去的还有从长子县来看望程颢的刘绚。

院落相当宽敞,环境十分幽静,程颢感到很是惬意,也很感慨。

"有此胜地,感谢潞公,也感谢苍天啊!"他对弟弟说,"这些年来,你我讲学,除嵩阳书院外,多是在家中或县衙,始终未得一处固定之所。今日得有此地,文大人之恩德,你我没齿难忘啊!"

程颐说:"是啊,多亏了文大人目光远大,襟怀宽博。若无这十顷良田相赠,就是有此宅院,岂不仍是无米之炊,你我何以支撑?"

在一旁的刘绚说:"那就叫潞公书院吧!"

从小就跟随程颢从学的刘立之说:"文大人的为人你难道还不清楚吗?叫潞公书院,这第一关就肯定通不过!"

程颐一听就笑了,说:"书院在九皋山下,又临伊河,听当地人讲,商汤时的名相伊尹就出生在这一带。我意,就叫伊皋书院吧。"

程颢说:"'伊皋'二字很是贴切,叫伊皋书院很好。"

这年的冬天,九皋山格外地寒冷。一连几天的大雪将天地变成了银白色的世界。

雪停了,刘绚和几个学生在院子里扫雪。厅堂和厢房之间的小道铺有青砖,很快就被清扫出来了。之后,他们又清扫了伙房通往井台的路,以便取水。

"这雪下得多好啊！"刘立之对刘绚说，"我听祖母说过，'麦盖三场被，搂着馍馍睡'，明年一定是好收成。你们南方下雪吗？"

"南方偶尔也下，不过很小，雪花还没飘下来多少，就停了。"刘绚说。

"你说的是你们浙江一带吧！"刘立之说，"柳宗元被贬永州时，那里的雪就下得不小。他的《江雪》何人不知，何人不晓：'千山鸟飞绝，万径人踪灭。孤舟蓑笠翁，独钓寒江雪。'"

这时，刘绚放下手中的铁锹，指着井台一侧砖缝中几簇青青的小草说："俗话说：'三九四九不出手，五九六九凌上走。'前天刚进入六九，天寒地冻，冷得我们连手都伸不出来，可这小草就不怕冷，你们看，竟然长出来了！"

刘立之说："我听老年人说过，'人不知春鸟知春，鸟不知春草知春'，这话还真够灵的。"

程颢见众人对小草很感兴趣，便说："《易经》说'天地之大德曰生'。小草不惧严寒而生，正说明天道运行有它自身的规律，也就是生生不息。秋去冬临，冬尽春来。小草虽弱，但严寒枯不尽，春风吹又生。"

刘绚见程颢将几棵小草与天地之大德相联系，听得十分入神，但却不甚理解，便说："请问先生，何为生？"

"这个问题问得好，"程颢说，"何为生？何为息？此为同一问题的两个方面。息训为生，盖息则生矣。一事息，则一事生，中间无断。比如寒暑，寒往则暑来，暑往则寒来，寒暑相推而岁成焉。"

刘绚祖籍常山（今属浙江），生于偃师缑氏，以荫为寿安县（今河南宜阳县）主簿，后为长子县（今属山西）县令。时长子县连续数月大旱，庄稼几近绝收，州府官吏视察时，只同意减收皇粮税赋十之二，刘绚立即表示不赞成，并强烈要求捐税全部免除，否则百姓无法生活，自己也要辞去这个县令。富弼时为宰相，听说刘绚敢于冒着丢官之险为民请命，称赞其为"真县令"。前些日子他被任命为翰林院编修，因读《春秋》遇到了不少问题，知二程对《春秋》有独到研究，于是便在进京途中，上门拜师求教。刚才不经意中听程颢就小草讲生生大德，觉得极富哲理，更感程颢思想极其深邃，自己应借此机会，多留些时日学习才是。

想到这里，他对程颢说："刚才先生讲生生大德为天道，请问，天道还包含哪些内容？"

程颢道："天道为儒家之至道。《易·系辞》有曰：'立天之道曰阴与阳，立地之道曰柔与刚，立人之道曰仁与义。'此即天、地、人之理之所在也。以人而言，以己及物，仁也；推己及物，恕也。"

刘绚又问："先生所言，岂非孔子'吾道一以贯之'之意？"

程颢说："夫子曰'吾道一以贯之'，其'道'即仁也。"

刘绚又问："曾子曰：'夫子之道，忠恕'而已矣。忠恕即仁耶？"

程颢道："以己及物，仁也；推己及物，恕也，违道不远是也。忠恕一以贯之：忠者天道，恕者人道；忠者无妄，恕者所以行乎忠也；忠者体，恕者用，大本达道也。此与违道不远异者，动以天尔。"

刘绚对程颢所讲似不大理解，说："请先生细言之。"

程颢道："'维天之命，于穆不已'，忠也；'干道变化，各正性命'，恕也。圣人教人各因其才，吾道一以贯之，惟曾子为能达此，孔子所以告之也。曾子告门人曰：'夫子之道，忠恕而已矣'，亦犹夫子之告曾子也。《中庸》所谓'忠恕违道不远'，斯乃下学上达之义。"

刘绚说："夫子之道，曾子以为'忠恕'而已。然何谓忠恕？汉儒注尽己之谓忠；己所不欲，勿施于人，是谓恕。《中庸》则说'忠恕违道不远'，不远即是近之，然尚非等同。"

程颢道："忠者天道，恕者人道。大凡出义则入利，出利则入义。天下之事，唯义利而已。即以你为例吧，前年不畏罢职而与上争，今反调任为京官，岂非'出义则入利'也！"说完，便笑了。

刘绚有些激动，说："过几日我就要回东京，先生还有什么嘱咐？"

"要说嘱咐，只有一件事，二先生让我转告你，务请忙中偷闲，抓紧《春秋传》的撰述，以求早日杀青。"

"请先生放心。此次来洛，听先生教诲，知理学为天下至理，学生当以此为准绳，阐解《春秋》之义，同时详加其注。"

第二天，刘绚陪同程颢回到洛阳。路上，程颢又叮嘱他一定认真把《春秋》注好，并鼓励他说：注《春秋》一事，"他人之学，敏则有矣，未易保也。若由你来作，吾无疑焉"。

元祐元年（1086），高太后当政，王岩叟、朱光庭以刘绚研究《春秋》有得而荐其为太学博士，得到了哲宗的批准，同时下诏，对其精研《春秋》加以肯定，敕曰："《春秋》之废，于今二十年矣，讲者不以为师，而学者不以为弟子。孔氏之遗书而陵迟至是，朕甚悯之。尔能讲诵其说，遭弃而不废，盖将有见于此者。夫《三传》之义，其得之者多矣，附以啖赵，无蔽于一家，庶几士有考焉。可。"

刘绚作为程门弟子中的佼佼者，哲宗敕书将刘绚与唐代经学大家啖助、赵匡相提并论，伊皋书院可谓人才辈出。

三、商酒务如坐春风

元丰六年（1083）九月，一直在洛阳闲居讲学的奉议郎程颢有了一个新的职务——监汝州酒税。

位于今河南省平顶山市宝丰县城西北部的商酒务镇是一座历史名镇，原名春风寨，北宋宣和二年（1120）前，此处是龙兴县所在地，属汝州管辖。由于这里传说是酒祖仪狄的故乡，因而酒业发达，尤其是春风寨，有上百家造酒作坊，所产之酒被称为"春风酒"，也一度叫"龙兴酒"。由于春风寨是酒税大户，因而汝州的酒务署没有设在州府所在地汝州城，而是设在春风寨。久而久之，春风寨不仅被百姓称为商酒务，而且也成了官方认可的地名。

监汝州酒税是一个不大不小的官儿,但对国家的财政收入来说,却是一个重要的职务。

这样的职务,本应让一个官场上懂得经济或经营的人去做,但朝廷却派了一位赫赫有名的大儒前往,不仅程颢周围的亲朋旧友感到有点儿莫名其妙,就是程颢本人也毫无思想准备。

程颢向父亲说明了自己的想法。

程珦说:"官场之道,一通百通。你当过三地县令,从政之道,甚为熟悉。此去商酒务,实无大碍。"

程颢说:"古人论经济,多涉田亩与盐、铁、茶,然时移世易,多有变化。我朝酒务监管,事体重大,因而感到有些力不从心。"

程珦说:"昨天我翻检了一下旧籍,自先秦以来,酒税历来为国家财政收入之大项,因而常随政局而波动。远在商鞅之时,秦国虽未禁民间酿酒、卖酒,然却对酒加收了十倍于成本之赋税。意在增收也。"

程颢接着说:"西汉武帝时,为增加军备之需,天汉三年曾颁布'榷酒'令,规定酒由政府专卖,严禁民间酿酒、卖酒。然仅隔十七年,又改为税酒制。其后隋、唐至五代,税制、榷制间有施行。我朝之初,尝开禁酒令,但不久即又恢复了榷酒制,既包括榷酒、榷曲也包括税收。几项又叠加,酒税收入已占杂税收入之三分之一,为朝廷年收入之六分之一,年收库已在一千万贯以上。"

程珦进一步分析说:"当今圣上新政,意在理财。酒务之重,已不言而喻,故你此次前往,务必恪尽职守,为国效力,以不负朝廷之望。"

"这个请父亲放心,不会有失检之处的。只是,"程颢略停了一下,"只是父亲年事已高,我不在身边,有些放心不下!"

程珦一听笑了。"有你弟弟在,还有什么不放心!再说,商酒务离洛阳不过二百多里,又有官道相通。"说着,他站起来,"你收拾一下,这两天就上路吧！"

听说新的商酒务要来上任，几位税吏忙把程颢的住处打扫得干干净净。程颢住在东厢房，距前面办公的正厅仅数步之遥。

一位年纪稍大的税吏对程颢说："程大人是天下闻名的大儒，官声也高，我们几个能为您的属下，深感荣幸。以后万望大人多加指点。"

程颢说："俗语说，众人拾柴火焰高。我初来乍到，还望你等多多尽力啊！"接着问道："汝州商酒务为天下重镇，不知近况如何？"

一位中年税吏将一本薄册递给了程颢，然后说："汝州眼下设有10酒务，专事经营，然我商酒务周围就有7酒务，每个酒务年交税均在万贯以上。"

一位青年税吏说："我朝以酒坊资产大小分为酒务和院务两类。资产在两万贯以上者称'酒务'，两万贯以下者称'院务'。商酒务下辖酒务7家，院务65家，共72家。"

老年税吏说："商酒务是酒祖仪狄的故乡，现在，小的不算，大作坊也已不是72家了，而是上百家。"

听到这里，程颢说："我来之前，已听说商酒务是'千家立灶、万户飘香、烟囱如林、酒旗似蓑、车马载运、舟楫塞河'。看来真是名不虚传，生意红火得很啊！"

"可不是吗，现在我们到村南边沙河岸边，或者到北边汝河码头去看看，卸高粱的车船和装酒的车船真是车水马龙，行人如织啊！"老年税吏说，"原来镇上还有几家染坊，因为酿酒作坊太多，每日蒸酒之水汽弥漫全镇，遮光蔽日，以至染坊无法正常晒布而只好搬到外村。此事还留下了一则顺口溜呢！"

"什么？还有顺口溜！"程颢说，"念一念让大家听听！"

"有人说是一个秀才写的诗，我觉得不像诗，只能算是个顺口溜吧！"老税吏说，"顺口溜共四句：'蒸酒开了锅，烟雾把日遮。染坊无法开，气得把窝挪。'"

"镇子这么大，人口又这么多，有书院吗？"程颢问了一句。

"书院没有，私塾倒是有一间，有十几家酒户的子弟在那里念书，然因塾师难请，时断时续，今年就没有开馆。"

程颢听后"哦"了一声，没再说什么。

随后的20多天里，在税吏的陪同下，程颢接连到了商酒、郑酒务、双酒务、铜斗酒务、正酒务等几个大的作坊和专营场所察看和了解情况。

一天，程颢把几位在商酒务做了10多年税收的税吏请到了议事厅。

程颢说："圣上命下官到此监酒务，我欲不负朝廷之望，除与诸位同心协力，恪尽职守外，尚应有所作为，诚望诸位开诚布公，畅言所见。"

一位老税吏听了程颢开宗明义的几句话后，立即站起来。"程大人，我先说两句吧。"之后转身对在座的税吏说，"各位兄弟，程大人到商酒务以来，大伙儿在接触中都已经看到，其虽年过半百，却不辞辛苦，到处察看巡视。在接见作坊业主和客户时，平易近人，和蔼可亲。对诸位，也从不训斥，没有半点官架子，很是亲切。今日程大人召见，请诸位莫有顾虑，把平日所见、所想，实话实说，也算是谏言献策吧！"

"要秉公执法，严把税关，奖励自觉交税者，惩处瞒产漏税者。"

"要鼓励本地多种高粱，减少运粮成本。"

"要保护晋商，鼓励他们把那里的优质高粱运过来。"

"要打击地痞流氓，不许他们欺行霸市。"

"要清除蛀虫，防止吃里扒外，惩处贪赃受贿者。"

"要讲诚信，确保春风酒质。"

"各作坊要出义工，轮流维修道路，打扫街道，保证卫生。"

程颢见诸人态度诚恳，所言实在，涉及生产、经营、管理的各个方面，很是高兴。结束时说："承蒙各位抬爱，所讲俱是真知酌见。我已让文书——记下。《易》曰：'君子终日乾乾，自强不息。'愚以为，商酒务只要守职爱民，与时偕行，必能使酒业兴隆，层楼更上。"

诸税吏听了之后也备受鼓舞，逢人便讲程大人与往届不同，商酒务酒业振兴指日可待。

过了几天，程颢又把7家大作坊与京师、西京（洛阳）、南京（商丘）、大名的几家大酒商请到了议事厅。

程颢对诸人说："当今天下盛平，百业待举。朝廷欲兴酒业，除下官监商酒务。日前本衙属下已对各坊走访了一遍，询其所需，求其所急，可谓心中有数。今日请诸位到此，欲再听高见，望不吝赐教。"

双酒务业主站了起来，老税吏忙说："程大人已吩咐过，客人皆设坐席，故请刘掌柜坐讲不妨。"

"日前已听坊内伙计言讲，程大人欲做大商酒务。于此，双酒务、郑酒务、铜斗酒务等深受鼓舞，只要晋商多贩高粱、豌豆到此，我等将各自再建一百个泥池，增加产量一事，程大人请放心，年内即可办到。"

刘掌柜说完后，另外几家也都谈了自己的想法和要求。

众人又谈了有关税率、管理、运输等事宜，文书都一一记了下来。

春风寨自从设商酒务以来，朝廷所派酒监能与诸坊、客商共议酒业发展大计，从未有过。程颢走访诸坊并与各界共议酒务之事像一阵春风，很快吹遍了这里的大街小巷。

春风寨，起春风。商酒务的人们愉快地沐浴在柔和的春风之中。

在程颢的过问之下，商酒务储存高粱的库房增加了，由于收购有了保护价，当地及周边农民种高粱的积极性提高了；对不同的酒以质论价，高品位酒的产量日益增加；由于酒曲的质量得到了保证，每百斤粮食的产酒率不断上升；又由于外地客商在这里开设的商号日益增多，使得商酒务常年保持了产销两旺的态势。

一天，程颢把老税吏叫到跟前说："今日无事，请你陪我到学堂看看。"

他们顺着大街漫步走去，在镇南端一处叫"南海子"的地方停了下来。

浣河流经商酒务村南端金家泉时，在这里形成了一个U字形的弯，圈出来的这个"半岛"被称为"南海子"。这里原来有几间房子，曾做过私塾。

听说程颢要在这里建一所书院，商酒务镇上的人无不高兴，很多人表示愿意出钱、出料、出力。

程颢对众人支持开办书院表示感谢。他说："今天还想听听诸人高见，给书院起个好名字。"

大家七嘴八舌地说开了。

"叫汝州书院吧，我们这里归汝州管辖。全州各地的人都可以来听讲。"

"叫商酒务书院较好，书院就在这个镇上嘛。"

"程先生字伯淳，书院是程先生主办的，叫伯淳书院甚好，能吸引天下有志之士前来就读。"

程颢听后笑了。"用我的名字做书院之名不妥。诸位都知道，湖湘之地有岳麓书院，中原有应天书院和嵩阳书院，均以地名为名。"说完，他望了私塾先生一眼，"老先生，您看呢？"

私塾先生说："适才诸位所讲，皆有道理，愚意，依程大人所说，仍以地名命名为好。商酒务原名春风寨，叫春风书院如何？"

"这个名字好，不俗气，有寓意，且合以地名命名之惯例。"

"程先生，你看怎样？"众人把目光都集中在程颢身上。

"既然诸位皆无异议，就叫春风书院吧！"程颢说。

程颢在商酒务开办书院的消息不胫而走，很多学子及士大夫前来就教。

偃师人朱光庭，嘉祐年间进士，曾任修武、垣曲县令，然终以未听程颢亲传为憾。元丰七年（1084），年已47岁的他决心要亲聆程颢教诲，便从垣曲任上抽出一个多月的时间到商酒务拜师，研讨理学精义。

回到任上之后，有人问他拜师及学习情况，他说："光庭如在春风中坐了一月。"别人不解，他又说："先生终日端坐，如泥塑人，而待人接物浑然一团和气。和气而春风也。"朱光庭后来成了"洛党"的中坚和代表人物，其受程颢影响之深可想而知。

朱光庭用"如坐春风"形容程颢学识渊博、品德高尚，讲课不仅深入浅出、循循善诱，而且态度和蔼可亲，学生听课感到十分舒服，如同沐浴在和煦的春风里，十分恰切。"如坐春风"一语不胫而走，很快在程门弟子中传开了。

元丰八年（1085）三月，神宗驾崩，哲宗即位，高太后召司马光、吕公著回京执政。上年，程颢夫人彭氏不幸病逝，程颢感到十分悲痛，也一病不起。

六月初，朝廷诏下，除程颢为宗正寺丞。

此时程颢已重病在身，未及进京谢恩，从商酒务回到洛阳求医。

六月十五日晚间，程颢病情突然恶化。

程颢呼吸虽然显得有些急促，但仍很安详。

程颐、吕大临守在病榻前，问有何嘱托。

程颢摇了摇头，对吕大临说："尔等从学于吾。吾学虽有所授，然'天理'二字却是自家体贴出来的。望尔等能传之于后。"

说完，便闭上了双眼。

高太后闻程颢病逝，也很哀伤，在伊川赐墓地三顷以示悼念。

八月，程颐撰《明道先生行状》，对程颢的一生及学术成就进行了总结：

明于庶物，察于人伦。知尽性至命必本于孝悌，穷神知化由通于礼乐。辨异端似是之非，开百代未明之惑。秦汉而下，未有臻斯理也。谓孟子没而圣学不传，以兴起斯文为己任。

九月二十四日，程颐率儿孙、亲朋、弟子诸人葬程颢于伊川先茔。被称为程门高足的吕大临、游酢、谢良佐前来送葬。

吕大临致悼词。

时任资政的翰林院学士韩维撰写了墓志铭，平章军国重事（宰相）文彦博题写了"明道先生"墓碑。

程颐所撰《明道先生墓表》镌刻在墓碑背面，其中写道：

　　周公殁，圣人之道不行；孟轲死，圣人之学不传。……先生生千四百之后，得不传之学于遗经，志将以斯道觉斯民……圣人之道得先生而后明，为功大矣！

一颗巨星陨落了，但其思想的光芒却永远闪耀在历史的长空！

宋神宗虽有多子，但不幸五位夭折。元丰八年（1085）二月，神宗病危。三月，高太后趁神宗神志清醒，立神宗九岁的第六子赵佣为太子，改名赵煦。几天后，神宗驾崩，赵煦即位，是为哲宗，改年号为元祐。由于皇帝年纪幼小，只好由太皇太后高氏临朝听政。

高太后出身贵族，宋太宗时大将、仁宗时任殿前都指挥使、澶渊之战的主要决策者高琼是其曾祖，母亲为北宋开国元勋曹彬的孙女，姨母是仁宗曹皇后。曹皇后视她如亲生女儿，与仁宗共议并共同主持了她与英宗的婚礼。高太后历仁、英、神三朝，并亲历了仁宗立储、英宗濮议风波和神宗熙丰变法等重大事件，政治经验十分丰富。

哲宗即位后，高太后为确定未来的政治走向，立即召旧党核心人物司马光等进京秉政，在罢免宰相王珪的同时，将吕惠卿、章惇和蔡确等人逐出朝廷。

一、讲经筵为君之道

旧党核心人物的上台，使北宋政治格局发生了重大变化，司马光要"以母改子"（以神宗母亲高太后的名义来变更神宗朝的政治措施），于是，文彦博、吕公著、范纯仁和吕大防等人均得到了重用。同时，他还想起了程颐。

八月，身居门下侍郎的司马光约见了尚书左丞

说书崇政殿　罢官国子监

吕公著、西京留守韩绛。三人经过商议，决定联名举荐程颐。他们在《荐伊川先生札子》中说：

> 臣等窃见河南处士程颐，力学好古，安贫守道，言必忠信，动遵礼义，年逾五十，不求仕进，真儒者之高蹈，圣世之逸民。
> 伏望圣慈，特加召命，擢以不次。足以矜式士类，裨益风化。

札子得到了高太后的恩准，十一月底，朝廷下诏，授程颐汝州团练推官，充西京国子监教授。

程颐对父亲说："我一介书生，从未习武，何以以团练之职充西京国子监？"于是立即上表，称本人"才识迂疏，学术肤浅，自治不足，焉能教人？"因而"所降诰命，不敢当受，谨奉表辞免"。

不久，他接到朝廷不允许其辞职的公文。脾气有些倔的他决定再递辞呈。

他将此事告诉了父亲。

"据我的判断，司马学士是不会答应的。"程珦说，"他需要人才啊！"果如程珦所料，当局不仅不允许其辞职，并催促其在年底前到任。

元祐元年（1086）年初，已由河阳判官升任谏议大夫的朱光庭入朝向高太后谏言说，程颐三十多年来一直从事儒学研究和在书院讲学，博洽多闻，建议任为讲官为宜。闰二月十八，时任监察御史的王岩叟也出面推荐程颐为京官，于是除了承奉郎，再授宣德秘书省校书郎。

高太后（乳名滔滔）像

程颐上辞呈称：希望能得到召见，进札子言政事。若认为所言为是，则用臣不误，臣受命也无愧；若以为所言为非，是臣才不足用也，理应辞去。

三月十四日早朝，在吕公著、王岩叟、朱光庭的陪同下，程颐在崇政殿朝见了高太后。

高太后说："今日得见程卿，吾心甚慰。当今圣上初立，正是用人之际。你和令兄程颢之名声，朝廷早有所闻。司马光等荐你有经天纬地之才，望你不负圣上之恩，莫再辞让为盼。"

程颐见高太后和颜悦色，言辞诚恳，身体精神俱佳，初进殿时的忐忑之心涣然放下。

"启禀太后。微臣本山野草民，教书于乡里。然近三四个月间，由汝州团练推官连连升为校书郎，且每次诏下，微臣均未及觐见皇上，面君谢恩，有违大礼，因而心中惶惶，终日不安，故而有辞呈递上。"

高太后听了程颐的回答，更为高兴。"听卿寥寥数语，即知你为淳厚大儒，谦谦君子，循礼蹈矩，可见司马诸卿所荐甚当。你既满腹经纶，当今圣上尚幼，正需硕儒教诲。我欲任程卿为崇政殿说书，为皇上讲治国理政之道，岂不正宜其时，正当其人！"

坐在一侧的司马光见高太后对程颐很是认可，也很高兴，立刻附和说："太后目光远大，程颐也必最为称职。"

吕公著时为哲宗侍读，见程颐得到高太后的信任，且职位上升，也连连点头称是。

高太后见诸人没有不同意见，便对王岩叟交代说："程卿乍来，你等要将其好生安置，一切便利为好。至于皇上经筵，由吕公著与程卿商议，做些预备，先行安排至端午节较为妥当。"

之后一个月中，程颐连上三道札子，论述经筵之道。

开讲的前一天，程颐由吕公著陪同向高太后汇报经筵安排。

高太后说："程卿三札所谏已看，经筵要讲为君之道，治国之理，所言剀切；选师要端方明德，使圣上习以智长，化与心成，也理在当然；

只有改站讲为坐讲一事，不合常制，尚须交大臣公议。除此之外，不知程卿还有何求，不妨明讲。"

程颐说："自古师道尊严，坐讲才合古礼，请太后三思。二者，圣上尚幼，起居所记，无须过详。故经筵之讲，史官不必立于帝侧。此可使圣上思绪舒泰，一心向学而无所挂碍。此外，圣上年幼，尚须选同龄者数人陪读为好。"

高太后听后点了点头，对吕公著说："史官在场可能有碍圣上向学求问，那就让他们不必来了吧。"说罢，吩咐下去将哲宗带过来拜师。

须臾，英俊、稚气中透露睿智的哲宗由两位侍读陪着，一路小跑来到了崇政殿。

"叩见太皇太后！"

高太后一把将小皇帝拉到身边，说："春天已到，正是读书时节。前些日子诸大臣商议经筵一事，今日已定。"说着，用手指了指在座的程颐，"他就是程侍读，从现在起，就是你的师傅。"

哲宗听后，说了一声"孙儿谨遵太皇太后懿旨"，随即转过身来，朝着程颐施了一礼，口称"弟子赵煦拜见师傅"，说完即下跪叩头。

众人见程颐正襟危坐，一本正经地接受了哲宗的叩拜，之后也不起来将小皇帝扶起，更不向小皇帝行君臣之礼，心中暗暗发笑：老夫子，你实在是一位愚夫子呀！

高太后把这一切也看在了眼里，心想：当今社会浮躁无比，真有这么个固执守礼的大儒教导圣上，不事迎逢阿谀，并非坏事，而是社稷之幸啊！想到这里，他对司马光、吕公著说："今日拜师之事虽然简朴，但已有诸卿在座见证，甚为合式。就按你等安排，明天就正式开蒙吧！"

由于是首讲之日，出于对程颐的尊重并以示隆重，文彦博、吕公著等数位老臣也都早早来到了经筵殿。哲宗面前摆了一张书桌，后面是一架屏风，高太后坐在其后。

众人坐定，文彦博等向高太后请安后，高太后示意程颐可以开讲。

程颐道："圣上为大宋之君，今日首讲，必先讲根本，即为君之道。帝王之道，教化为本，王道之本，仁也。早年，微臣曾有《上仁宗皇帝书》，以为先帝之仁，尧舜之仁也。然天下未治者，诚由有仁心而无仁政尔。《书》曰：民惟邦本，本固邦宁。故固本之道，在于安民；安民之道，在于足衣食。民足衣食，再施教化、省刑罚、薄税敛，修其孝悌忠信，则仁政兴焉。"

哲宗年纪虽幼，但听得很有兴致，问道："昔时管仲曰：'仓廪实则知礼节，衣食足而知荣辱，上服度，则六亲固。'是仁政耶？"

程颐见小皇帝提问，很是高兴。说道："子曰：'学而不思则罔。'圣上能问，微臣窃以为甚好。昔时管仲欲富国强兵，语桓公曰：'夫霸王之所始也，以人为本。本理则国固，本乱则国危。''士、农、工、商四民者，国之石民也。''石'者，柱石也。以人为本，则仁也。其又曰：'多财则远者来，地辟则民留处，仓廪实则知礼节，衣食足而知荣辱，上服度，则六亲固，四维张则君令行。'然此言四维者，仅涉教化而已。岂不知衣食足而不知耻者尚多矣。故管子之言不及孔夫子'一箪食，一瓢饮，在陋巷，人不堪其忧而不改其乐'也。故子曰，民须'富而教之'！"

哲宗道："依先生之见，安仁乐道，方是仁政？"

程颐点点头说："圣上所言极是。子曰：'君子喻于义，小人喻于利。'若以财利为先，则民将不民。韩非子曰：'利之所在，皆贲、诸。'故君之为政必以仁。"

哲宗又道："为君之道曰仁。然则何为为政之道？"

程颐道："子曰'为政以德'；《书》曰'明德慎罚''敬天保民'，又曰'德惟善政，政在养民'。故为政之道在顺民、保民、养民、富民。"

哲宗又问道："我朝先王治政已过百载，有何圣训可鉴？"

程颐见小皇帝言及先王，略加思考后说："依愚臣之见，我大宋自太祖立国，圣训甚多，广开言路，选贤任能，可谓超迈历代。故圣明之主，无不好闻直谏，博采刍荛，故视益明而听益聪，纪纲正而天下治；昏乱之主，无不恶闻过失，忽视正言，故视益蔽而听益塞，纪纲废而天下乱。治乱之因，未有不由是也。"

整个上午，虽然以程颐讲解为主，但由于小皇帝不时发问，讲堂气氛倒也并不沉闷。

经筵散馆时，文彦博见高太后心情很好，忙走上前说："程侍讲学博德昭，由其辅弼圣读，太后不愧知人善任啊！"高太后笑了笑说："程卿今日所讲，甚合我意。荐人、用人得当，实为兴邦定国之要。今后还望你与司马学士等不拘一格，多多举荐啊！"

宋代的经筵十分规范。在时间安排上，每年两个学期，春季从二月到五月的端午节，秋季则从八月至十一月的冬至。一般是隔日一次，每天分早、晚两次。主讲由多名侍讲担任，轮流宣讲五经。经筵的方式是主讲官先行讲经，皇帝提问质疑、主讲官解疑答惑。

程颐作为崇政殿说书，深感责任重大，他在给高太后所上的札子中说："臣以为，天下重任，唯宰相与经筵：天下治乱系宰相，君德成就责经筵。"因此，每次经筵讲经他都很认真。

第二次讲什么？程颐想了想，决定讲"格君心之非"。

程颐认为，作为天下至尊的皇帝，最容易产生傲慢、自大心理，这极不利于国家治理。"格君心之非"，是他一个多月前在给高太后所上第三个札子中提出的，是高太后认可的。

几天后，程颐第二次经筵。参加此次经筵者，除高太后、文彦博等人外，还有谏官顾临等大臣。

开讲之前，程颐向高太后问及改立讲为坐讲之事。

高太后叹了口气说："诸大臣对此反应不一。谏官顾临等数人上折极力反对，认为祖宗之制，尊尊卑卑，万古不替。站讲尊君，坐则蔑君也。"

程颐却不以为然，说："自古国家所患，无大于在位者不知学。人君唯道德益高则益尊，过礼则非礼，强尊则不尊。近年来士风益衰，志趣污下，此风不革，臣以为非兴隆之象，乃陵替之势也。"

高太后听程颐说"此风不革，臣以为非兴隆之象，乃陵替之势也"，心中已是不悦，见他还要说下去，便摆了摆手说："程卿之言，也有道理，以后再议吧！"

程颐见哲宗已坐端正，便说："上次微臣讲了为君之道、为政之道，这次要讲的是'格君心之非'。"

他望了一眼在座的诸人，见没有不同反应，便接着说："何以要讲'格君心之非'？臣窃以为人主居庙堂之位，持威福之柄，百官畏慑，莫敢仰视，万方承奉，所欲随得。苟非知道畏义，所养如此，其成德可知。中常之君，不无骄肆。英明之主，自然满假。此自古同患，治乱所系也。一言以蔽之，若身为一国之君王而不知克己奉礼，不知敬畏天地、敬畏臣民而一味我行我素，后果则不堪设想。"

高太后听到"格君心之非"几个字，心中不禁一震："程夫子又要发什么高论？"只听程颐说："《书·微子之命》曰：'稽古崇德象贤。'只有善于稽古，时时吸取历史经验教训，国家方能兴旺。'格君心之非'非微臣杜撰，亦乃先哲之训。昔周穆王即位，春秋已五十矣，见王道衰微，感文武之道缺，乃命作《冏命》，与诸臣坦诚相见，要其敢于谏言，'绳愆纠缪，格其非心。俾可绍先烈'。孟子言仁政，尤重格君心之非，其《离娄》篇曰：'人不足以适也，政不足与间也，唯大人为能格君心之非。君仁莫不仁，君义莫不义，君正莫不正。一正君而国定矣。'由此可知，君欲正，任贤纳谏乃上上之策。"

高太后也读过《尚书》诸经，但从未将其与治国理政相联系，听程颐引经征典，讲历史经验教训，觉得十分深刻，很有新意，心中暗暗佩服。

145

这时哲宗问道："夫君王乃一国之主,有群臣宰辅相佐,岂不即任贤纳谏?"

"皇上所问,实为至要之事。"程颐道:"天下者乃天下人之天下也,故微臣曾向太皇太后上札子说:天下重任,唯宰相与经筵。皇上经筵,读圣贤之书,明为君之理,究天人之际,践为政之道,虽林林总总,要在控大局,定方向。至于施权行令,天下治乱,全系于宰相及群臣也。若君臣共治,责权分明,圣上虽不事事躬亲,件件决断,然紧握问责之柄,高悬是非之剑,群臣何敢玩忽职守,马虎懈怠?"

在散馆返宫的路上,高太后似有些心事,一言未发。

文彦博在一侧说:"今日程说书所讲,可谓高屋建瓴,言简意永。甚合经筵之宏旨。"

监察御史顾临却不以为然,未等文彦博说完,便打断说:"文大夫所言差矣!我观程颐讲'格君心之非',是有意借题发挥,有旁敲侧击之嫌,实为大不恭;至于说什么君臣共治,则已露不臣之心,应予训诫才是。"

高太后见两人意见相左,笑了。对顾临说:"程颐所讲,多合先贤圣哲之意。皇上年幼,常闻祖宗之训,知格心中之非,长此以往,必大有益焉。至于程卿一些迂腐之见,此儒者之通病也,尔等不必小题大作才是。"

顾临见高太后虽有不满,却不露声色,也就没再说什么。

二、罢国师管勾西京

农历五月上旬,由于天气渐渐炎热,依照计划,春季经筵在端午节前便停了下来。任经筵以来,程颐先后共讲了六次。

（一）论师道帝后不悦

利用暑天，程颐认真地回顾了三个多月的经筵讲解。结合小皇帝的情况，深感辅养圣德之重要。他感到，历史上辅养幼主之教，莫备于周公。他从内心希望高太后能将经筵之事作为至大至急的百年大计，像周公辅佐成王那样，做好、做扎实。

三个月过去了，秋季经筵尚不知何日开馆。程颐心里着急，于是决定给高太后上书。他写道："古人欲旦夕承弼，出入起居。而今圣上乃三月未见儒臣，何其与古人之意异也？今初秋渐凉，臣欲乞于内殿或后苑清凉处，召见当日讲官，俾陈道义。"他请文彦博看了上书的稿子，文彦博劝他说：朝廷内部情况复杂，你虽有赤诚之心，但不可言辞过激。你想，你提出要维护师道尊严，改站讲为坐讲，高太后至今不予答复，何谈更多更远？

但程颐坚持要上书高太后。

几天后，高太后召见了程颐，不仅接受了开讲的建议，并肯定了程颐的辅养之德，她说："程卿仁爱之心，圣上已心感身受，宫中行走，蝼蚁不踏。"

一日经筵结束，程颐问哲宗道："臣闻圣上在宫中行走、洒水，必避蝼蚁，有是乎？"

哲宗答道："然。诚恐伤之尔！"

程颐道："愿陛下推此心以及四海，则天下幸甚。"

哲宗听后点了点头。

一次程颐讲罢未退。见哲宗忽起凭栏，戏折柳枝。程颐见此立即加以制止，并说："方春发生，不可无故摧折。"

哲宗从护栏上跳了下来，扔掉了手中的柳枝。

程颐进而说道："天人之间甚可畏。作善则千里之外应之，作恶则千里之外违之。昔子陵与汉光帝同寝，太史奏客星侵帝座甚急。子陵匹夫，天应如此，况一人之尊，举措用心，可不戒慎？"哲宗听后没说什么，但脸色甚是不悦。

程颐又指着宫院御沟中的游鱼说："圣人之仁，养物而不伤。莲朝开而暮合，树冬枯而春荣，鱼遇水则悠哉而乐。古人云，勿以善小而不为，即仁也。"

哲宗没听程颐讲完，说了一句"谨遵师训"，之后就拉着陪读的两个少年跑到御沟边观鱼去了。

（二）礼吉凶蜀洛纷争

宋史上引人注目的一事是党争。以王安石变法为主轴，史称主张变法及站在王安石一方者为新党，反对新政者为旧党。新、旧两党之争延续了半个世纪，对两宋政治有极大的影响。

元祐元年（1086），哲宗即位，高太后以司马光为相，在全面否定新政、尽行废除新法的过程中，原本以学术为派的旧党发生了分化，以至有"洛党""蜀党"和"朔党"之说。

三党之称，是从其领袖人物的籍贯而来的。洛党领袖为程颐，代表人物为朱光庭、贾易等；蜀党领袖为苏轼，代表人物有吕陶及苏门学士；朔党在司马光病逝后以刘挚、王岩叟、刘安世为领袖，羽翼甚众。洛、蜀、朔三党在学术、政见等方面不同处甚多，但均因反对王安石新法而走上同一条路。神宗病故，新党一派被驱逐，三党共事，便不能处之相安，便出现了"既交恶，其党迭相攻"的局面。

在党争中，有些是政治见解相异，势同水火，如王安石与司马光；有些是政治利益对立，如王安石与吕惠卿本同为新党，但其后尖锐对立；有些是政治势力相互倾轧，如蔡确、蔡京打击异己；但也有些是学术之争与义气用事，如蜀、洛之争。

苏轼是一个非常旷达、豪放的人，思想无羁，口少遮拦，但也正因为此，常常招来非议，以致身陷囹圄。众所周知，苏轼和王安石都在欧阳修门下，且二人关系很好，但因反对变法，苏轼屡受打击。元祐初旧党执政，他却又认为不应对新法一风吹，并与司马光当廷相争，认为新法有便民之处，然而"光忿然。轼曰：'昔韩魏公刺陕西义勇，公为谏官，争之甚力；韩公不乐，公亦不顾。轼昔闻公道其详，岂今日作相，不许轼尽言耶？'光笑之"（《宋史·苏轼传》）。司马光虽变忿为笑，但心中对苏轼是极为不满的。苏轼后来回忆说："光初不以此怒目，而台谏诸人逆探光意，遂与臣为仇。臣又素疾程颐之奸，未尝假以色词，故颐之党人无不侧目。"（《杭州召还乞郡状》）苏轼看不惯程颐的古板，但以程颐为"奸人"，不仅没有道理，而且是一种偏见。这一偏见，导致了二人不和与洛、蜀生怨相争。

司马光被召为尚书左仆射兼门下侍郎时即已身染重病，高太后知此，明令其朝见时勿舞蹈，许乘肩舆，三日一入省。但司马光不以为意，对曰："不见君，不可以视事。"当时，王安石推行的青苗、免役、将官之法犹在，而西戎之议未决。他感叹道："四患未除，吾死不瞑目矣。"又对吕公著说："光以身付医，以家事付愚子，唯国事未有所托，今以属公。"司马光以深得高太后信任而自励，"自见言行计从，欲以身殉社稷，躬亲庶务，不舍昼夜。宾客见其体羸，举诸葛亮食少事烦以为戒，光曰：'死生，命也。'为之益力"（《宋史·司马光传》）。但终因劳累过度，心力交瘁，执政仅八个月，便于元祐元年九月初一（1086年10月11日）病逝于京师，年68岁。

司马光病逝，高太后十分悲恸："天不佑我，国失栋梁矣！"与哲宗一起亲临其丧，除了赠太师、温国公，赐一品礼服、银七千，还诏户部侍朗赵瞻、内侍省押班冯宗道护其丧。

高太后决定让程颐以皇帝侍讲的身份主持司马光的葬礼，让另一位侍讲、大学士苏轼为司马光撰写行状和碑文。当吕公著把这一决定告诉程颐时，他很是感慨。一是感到司马光走得有些仓促，完全是累死的。前些日子，他见到司马光时，还劝他不可用心过度，尤其在对待王安石新法上，因实行多年，有些也有成效，万不要一风吹。但司马光只是苦笑着摇了摇头，并未吱声。他虽看出司马光身体虚弱至极，但没想到不足半月竟然过世了。二是达官显宦、衮衮诸公满朝，皆可为司马光主持丧礼，唯独自己不可。

"吕大人，"他说，"我本一介布衣，人微言轻，不堪此任，还是另请高明才是。"

吕公著立即说："你是当今大儒，又为圣上侍讲，且与司马公交厚，再者，此乃太后钦点，有何不可？"

程颐见不好推辞，也就接受了。

葬礼于九月七日开始，为期三天。

当天，程颐把《为家君祭司马温公文》带到祭堂，时任左正言的朱光庭这时也来到了祭堂，立即帮助程颐将其挂在了墙上：

呜呼！公乎！诚贯天地，行通神明。徇己者私，众口或容于异论；合听则圣，百姓曾无于闲言。老始逢时，心期行道，致君泽物，虽有志而未终；救弊除烦，则为功而已大。何天乎之不吊斯人也而遽亡！溥天兴殄瘁之悲，明主失倚毗之望。如其可赎，人百其身。死生既极于哀荣，明德永高于今古。藐兹羸老，夙被深知；抚柩恸哀，聊陈薄莫！

朱光庭默默地念着祭文，不禁为之动容。"如其可赎，人百其身"，二程与司马光交厚，感情是何等的深挚啊！

不多时，有人向程颐报告，到南郊参加安放神宗灵位吉礼的官员回来了，要来凭吊司马光。走在前面的是言官顾临等。

程颐立即上前阻拦道："顾大人，下官奉命主持司马公葬礼，一切均应按礼制进行。'方行吉礼，不可吊丧'，此为古制，也即庆、吊不可同日。孔夫子也说过：'是日哭则不歌。'请你们明日再来为好！"

顾临立即说："孔老夫子是说过哭则不歌，但他并未说歌则不哭。我等是先参加太庙的吉礼，依古制奏乐歌咏，之后才来参加祭拜温公的凶礼仪式，并无不当！快让我们进去吧！"

程颐说："顾大人，孔子哭则不歌，亦即是歌则不哭，这你是知道的，还用我多讲吗？诸位大人还是回去吧！"

走在中间的苏轼有些看不顺眼，往前挤了几步说："司马大人葬礼是要依礼而行，但要找一个真正懂礼的人才行。伊川可谓糟糠鄙俚叔孙通！"

叔孙通为西汉初年大儒，曾为汉高帝刘邦及其子惠帝制定了一套完整的宗庙仪法及朝堂礼仪，被尊为汉家儒宗。苏轼讽刺程颐，认为他不懂装懂，是从烂泥里爬出来的一个古板、迂腐的假学究。

众人一听将程颐比作"糟糠鄙俚叔孙通"，立即哄堂大笑。

在一旁的朱光庭见苏轼当众无礼，羞辱程颐，很是恼火，正要上前与其理论，只听苏轼说："不让诸位进

戴敦邦所画苏轼像

祭堂，我等就走，晚上一同到司马大人府上再祭奠吧！"

当苏轼晚上领着翰林学士及顾临等到司马光宅第时，程颐早在那里等候。

朱光庭等正要上前阻拦，程颐示意不可。他向众人深施一礼，说："苏学士，诸位大人：歌、哭不同日，这是古礼。司马大人是国葬，太后令卑职操持，焉可不循古制？故请屈驾，明天再来。乞望诸大人见谅！"

苏轼因感到下午所言欠当，又见程颐搬出高太后为挡箭牌，心中虽仍然不悦，也不好发作，只好还了一礼，无可奈何地说："诸位大人，既然如此，就依程先生的安排吧！"

吊唁结束后七日，朝廷在大相国寺为司马光举行国祭，主持人仍为程颐。没想到又发生了意外。

苏轼见祭案上全是素食，并无三牲，不无挑衅地说："程先生不信佛，何以全上素品？岂不知温公也是不信佛的啊！"

程颐看到不愿见到的事又要发生，便上前说："苏学士，你学富五车，依古制，丧葬期间是不可饮酒食肉的，这你是知道的！"

苏轼见程颐质问自己，不禁有了火气。"程先生，你别乱搬古礼，你那些胡说八道也压不了我！我倒要问你，依古礼，国葬哪有不用三牲者？再说，司马大人生前不食荤吗？真是岂有此理！"

苏轼说到这里，回过头去大声说："午餐要吃荤者，到东厅去！"之后把手一挥喊道："为刘氏者左袒！"

于是，苏轼这位像周勃一样的"将军"便领着一群人向东厅走去。

想到苏轼与自己过不去，程颐很是不解。他向吕公著请教，说："我与苏轼同为哲宗之师，虽对'道'之理解不同，但他为侍讲，学士出身，位列三品，我为说书，一介布衣，仅为八品，何以得罪于他？"

吕公著说："先生可曾想过，你们除在学术上对'道'和'性'有大相径庭的抵牾之外,你有无谑侮苏学士之举?"

程颐说:"不曾。"

"从这点可以看出,你是没有心计的。"吕公著笑着说,"你还记得说过'三不幸'的话吗?"

程颐说:"我曾说过:'人有三不幸:年少登科,一不幸;袭父兄之势为高官,二不幸;有高才能文章,三不幸也。'不过,那是我讲学时对弟子们说的。"

吕公著说:"恐怕你当时也是有所指的吧。苏轼嘉祐六年(1061)24岁应制科考为进士,自宋立国以来,制科入三等的仅吴育和苏轼两人而已。此岂非谓'年少登科'了!苏轼素以文章名于世,得到皇帝赞许,自然是'有高才'而又'能文章'之士了。苏老泉在朝为宦,苏轼多少也沾了光。你所言三条,哪一条不是对准他的?"

程颐听后没有言语。

吕公著又说:"你讲学时对弟子说:'不欲为闲言语。'这是可以的。但苏轼长于辞赋,洋洋洒洒。你虽不擅,但不可无视。听说你还引用唐人方干的诗,说'吟成五个字,用破一生心'是浪费生命,'可惜一生心用在五个字上'。"

程颐说:"人生苦短,理应如孔子所言修身立德。致力于文赋诗词则害道费时,诗词中并无道。"

吕公著听程颐说诗文害道,很不赞成:"你这就有失偏颇了。诗言志也是古训。再说,苏轼以诗文自誉,他听了你的言论,都认为是有意攻击他呢!"

"即使这样,他们也不该在司马大人国祭之日报复啊!"朱光庭在一旁仍是气呼呼的。

从此,蜀、洛二党结怨愈演愈烈。

（三）归洛阳重返杏坛

不久，洛党报复的机会来了。

高太后对苏轼之才能很是欣赏，在不到半年内将其连升三级。苏轼任知制诰后，元祐元年（1086）十二月，学士院试馆职由苏轼负责拟题。第三道题目是"师仁祖之忠厚，法神考之励精"，其中一段话为："今朝廷欲师仁祖之忠厚，而患百官有司不举其职，或至于偷；欲法神考之励精，而恐监司守令不职其意，流入于刻。夫使忠厚而不媮，励精而不刻，亦必有道矣。昔汉文宽仁长者，至于朝廷之间，耻言人过，而不闻其有怠废不举之病。宣帝综核名实，至于文学理法之士，咸精其能，而不闻其有督责过甚之失。"（《苏轼文集》卷七《试馆职策问三首·师仁祖之忠厚法神考之励精》）

左正言朱光庭、右司谏贾易立即上书弹劾苏轼谤讪："今来学士院考试不识大体，以仁祖难名之圣德，神考有为之善志，反以媮刻为议论；独称汉文宣帝之全美，以谓仁祖神考不足以师法，不忠莫大焉。"要求"正考试官之罪"。苏轼上书辩解说："为文引证之常，亦无比拟二帝之意。"他还声明说，当时策问原有三题，一、二两题为邓温伯所拟，第三题为苏轼所拟，不意进呈后恰被选中。"蒙御笔点用第三首，臣之愚意岂逃圣鉴？"既经"圣鉴"，还能有误吗？

站在洛党一边的王岩叟等也上书攻击苏轼别有用心，身为殿中侍御使的蜀党吕陶上书为苏轼辩解，指责朱光庭是为程颐公报私仇。右司谏贾易在批驳吕陶时因出言不逊，指责宰相范纯仁偏袒苏轼、苏辙，致使高太后大怒，要加以严惩，由于吕公著的劝解，才将其从轻处理，罢知怀州。

元祐二年（1087）八月，御史中丞胡宗愈等上书"深斥颐短"，认为"不宜使在朝廷"。这时，左谏议大夫孔文仲见时机已到，就以亲身所历上书弹劾程颐"奸人",上书道:"臣居京师近二年,颐未尝过门,臣比除台谏官,颐即来访","颐污下憸巧,素无乡行,经筵陈说,僭横忘分,遍谒贵臣,历造台谏,腾口间乱,以偿恩雠,致市井目为五鬼之魁。请放还田里,以示典刑",并说绝不能让"如颐者秽淬班列,变乱白黑"。(《续资治通鉴长编》卷三九三元祐元年十二月壬寅、卷四〇四元祐二年八月辛巳)

高太后见此,感到真是天赐良机给了她一个台阶,于是对吕公著说:"程卿虽为硕儒,然不宜卷进党争,暂让其到西京任职吧。"于是,罢程颐出管勾西京国子监。

十月初,程颐在京城只向吕公著等几个旧人告别之后便回到了洛阳。82岁的程珦见程颐回到了履道里,父子相聚,很是高兴。

西京国子监原为兴建于东汉光武年间的太学,位于履道里。庆历三年(1043),朝廷改应天书院为南京国子监,这样,加上东京,北宋实有三所高等学府。国子监设管判监事一人,通判监事两人,管勾一人。就业务而言,设祭酒一人,其下有司业、博士、教授若干人。

程颐虽然到职了,但心中积郁难解。九月,他向朝廷写了第一封辞职表《乞归田里第一状》,十二月再呈了《乞归田里第二状》,第二年春天又上《乞归田里第三状》。吕公著看到后,只是笑了笑,交代属下官员说:程先生脾气有些倔,慢慢会想通,所呈之状不批,也不上报。其后,程颐又要求"退休",改呈《乞致仕第一状》《乞致仕第二状》,但仍被吕公著压下不报。

元祐五年(1090)正月,程珦因病逝世于程颐所在的国子监公舍,享年85岁。

在西京留守韩缜的主持下,程颐率子孙将其葬于伊川祖茔。依宋代礼制,程颐可在家守丧3年。于是,他便向太常礼院呈递了守丧函,之后便离开了国子监公舍,回到了履道里家中。

程珦一生光明磊落,其为人、为官、为学、为家等方面的淳德懿行,对程颐影响很大,他要静下心来写《先公太中公家传》,将先父之德行风范著之家牒。

这天,程颐正在家中字斟句酌地审改《先公太中公家传》,忽听有人敲门。他迎上前去开门,进来的是陕西武功人苏昞和一位年轻人。

苏昞,字季明,陕西省武功县人。他早年慕名关学开创者张载之名,与同乡游师雄一起投奔门下求学,是张载最为信赖的关门弟子。张载著《正蒙》,由于身体不好,便由苏昞协助编辑整理,并为其作了序。熙宁九年(1076),张载经过洛阳时,前往二程处讨论有关哲学问题。三人在争论中相互切磋,互有驳辩,苏昞在其侧一边侍奉,一边详细记录了当时三人的谈论,后编成《洛阳议论》传世。张载去世后,他又投奔二程,并成为其高足。

这是程颐安葬父亲之后见到往日弟子中的第一位,心中有说不出的滋味。

苏昞说:"得知先大人仙逝,不胜悲痛,特来看望先生,请先生多加节哀。"

程颐说:"太中大夫去世,朝廷赐帛二百匹,韩留守亲自主持。他老人家在天之灵有知,当也是感恩不尽的。"之后指着进来的后生说:"这位后生是同你一起去东京的?"

苏昞见问,连忙上前拉住年轻人说:"他叫尹焞,字彦明,年方二十,闻先生大名,欲拜为师,前天相遇于宜阳,因而学生便将其引荐过来了。"

尹焞见状,忙上前向程颐施礼,并说:"晚生尹焞拜见先生!"

程颐上下打量了一下尹焞,说道:"拜师,好啊!你是我从京城回来后头一个来拜师的。"

苏昞说："这才是开始，只要西京杏坛有先生坐镇，前来就学者会不可胜数。"

程颐让苏昞、尹焞坐下，然后对苏昞说："今日得见你和尹焞，着实高兴。杏坛只要新人不断，道学可传则无忧矣。"

尹焞说："听说过几天还有几位年轻人过来。"

程颐说："这些年来，吾与先兄致力于讲学，然弟子却先吾而去。尤其元祐二年六月，刘绚卒，令人好生悲伤。圣学之不传久矣。吾生百世之后，志将明斯道，兴斯文于既绝；力小任重而不惧其难者，盖亦有冀矣。以谓苟能使知之者广，则用力者重，何难之不易也？游吾门者众矣，而信之笃、得之多、行之果、守之固，若质夫者几希！方赖其致力以相辅，而不幸遽亡，使吾悲传学之难，则所以惜之者，岂止游从之情哉！"

苏昞深知程颐对刘绚特别器重，说："质夫还不到42岁，英年早逝，实在可惜啊！"他回过头来对尹焞说："质夫先生洛阳人，你见过他吗？"

尹焞说："久闻质夫先生大名，然从未谋面。元祐初年，韩维大人荐其为京兆府教授，后又任太学博士。"

说到韩维，程颐接过了话头道："元丰四年，我与先兄等寓居颍昌，时李端伯从学于吾兄弟，我等与韩维诸人所议道、性、气、德甚多，问答皆由端伯所记，即今《端伯传师说》。先兄曰：'道即性也。若道外寻性，性外寻道，便不是。'若非端伯所记，此意深言简之语可得传乎？可惜其在质夫过世不足半年也作古了。"说罢，深深地叹了口气。

苏昞怕程颐过于伤感，便说："大先生与二先生之学，千古至理，有质夫、端伯诸人所记，定可绳绳为继，传之后人。今尹焞年刚弱冠，即拜先生为师，先生之道，薪火相传无虞矣。"

尹焞接着说："苏先生引荐学生到门下，也是我三生有幸，请先生教我以为学之方、读书之法。"

程颐见苏昞、尹焞有意转移话题，便说："公要知为学，须是读书。

书不必多看，要知其约。多看而不知其约，书肆耳！"

苏昞站起来要找纸、笔记录，程颐便说："笔录倒不必，讲后追记即可。"他略停顿了一下，接着说："颐缘少时读书贪多，如今多忘记了。须是将圣人言语玩味，入心记着，然后力去行之，自有所得。"

尹焞问道："就学生而言，当下应从何书读起？"

程颐说："就'六经'而言，我与先兄曾从中析出'四书'，《中庸》乃孔门传授心法，你当着力于此书也。"

尹焞听后，立即站起来向程颐深深施了一礼，说道："学生记下了。"

程颐看天色已晚，便对苏昞说："你安排尹焞住下，过几日可搬到伊皋书院去。我现今守丧在家，也无要事，过几日也到那里去。"

从程颐处出来，尹焞难掩心中之喜，再三向苏昞表示谢意："非先生引荐，彦明何以得见当世大儒。适才仅听程先生数言，即觉耳目一新，真真是胜读十年圣贤之书了！"苏昞说："昔时曾听先生言讲读书须约，然今日再听，仍觉新意叠出。先生真不愧是硕儒大德啊！"

三、再拜师程门立雪

元祐六年（1091），朝廷除苏辙为尚书右丞，次年进门下侍郎，执掌朝政。

元祐七年（1092）二月，程颐为其父守孝三年已满。三月初四早朝，礼部侍郎兼侍讲范祖禹向高太后禀报说："程颐当代硕儒，今守制服除，可恢复其直秘阁，召京师任职。"

高太后坐于帘后，问道："范卿以为程先生可任何职？"

范祖禹道："以其所长，可与馆职判检院。"

高太后转身问苏辙："苏卿以为如何？"

苏辙看了一下范祖禹，回答十分简单："但恐其不肯靖！"

高太后听后点头不语，过了一会儿说："苏卿所言甚是，程颐仍判西京国子监为好。"

四月，程颐接到诏书，尹焞等为先生恢复任职感到高兴。

程颐对他们说，我已年届60，来日无多，欲集中精力研究道学，整理著述。于是接连两次呈递了《辞免服除直秘阁判西京国子监状》。

监察御史董敦逸一向厌恶蜀、洛党争，认为苏轼太躁、程颐太傲，于是以程颐上书中"有怨望轻躁语"为由，书奏指其犯上，不宜在国子监任职。于是，朝廷改程颐为管勾崇福宫。

程颐想，管勾崇福宫虽是个闲职，却关乎着为皇家祈福之大事，没有一定地位和资历的人还没有资格担任此职。前朝范仲淹曾任此职，神宗熙宁五年（1072），父亲从汉州归朝，也曾任管勾崇福宫。崇福宫之西不远处便是嵩山书院，当年曾和哥哥在此讲学，学院由此声名远扬。今日自己领崇福宫，不正好可充分利用时间潜心治道，且还可到嵩山书院和伊皋书院讲学。

想到这里，原来不很愉快的情绪也就如一片白云，散去了。

于是，他没有对除管勾崇福宫再上辞呈，而是递上了《谢管勾崇福宫状》，之后就上任了。

秋天，程颐去了几次崇福宫，也经常去嵩阳书院，因前来求学拜师者多在伊皋书院，他便多住在那里。

初冬的一天，杨时、游酢突然出现在程颐面前。

看到杨时，程颐分外高兴。

"杨时君来扶沟那年是元丰四年（1081）吧，转眼十几年过去了。如兄长尚健在，不知会有多高兴呢！"接着问，"杨君是从家乡来的吗？"

杨时说："我今在湖南浏阳为知县，游先生在河清县任职。我二人虽是同乡，然也十年未曾谋面。这次学生特先至河清，约游酢前来看望先生。"

程颐说:"我已年逾花甲,常忧道传无人。当年定夫与你,还有谢良佐、王彦霖从学先兄,先兄在你南返时言道:吾道南矣。今二君又至,吾道之传无忧矣!"

几人正说话间,家人报说谢良佐前来看望先生。杨时、游酢听说是谢良佐来了,立即出门迎接。

谢良佐的到来,使程颐喜上加喜,晚饭时特请夫人多做了两个菜,并摆上了酒。

"先生平时连茶也不饮,今日是怎么了?"谢良佐有些不解。

程颐笑了笑说:"本师虽不饮酒,杨君为浏阳县令,谢君为渑池县令,二位与游酢同窗,多年不见,今日能聚在寒舍,也是缘分啊!怎好无酒?"

三人从来没见过程颐像今晚这样不拘师礼,连忙站了起来,恭恭敬敬地向先生施了一礼说:"学生无礼了,谨遵师命吧!"

晚上,三人住在一处。

杨时说:"谢兄,你是北方人,住在这里不感到冷吧?"

谢良佐说:"要说冷,总没有那年冬天在扶沟冷吧!"

接着,他向二人叙述了初拜程颢为师之事:

元丰元年(1078)冬,程大先生知扶沟县事。时在下已29岁,我因在家乡有些小名气,虽十分谦恭,程先生可能以为前去投奔拜师有点哗众取宠,仍有疑虑。于是将我安排在一间草屋中居住。寒冬腊月,滴水成冰,室内非但无火取暖,墙壁还四处透风。我想,先生可能是要苦我心志吧。然一想到有先生之书可读诵,有先生教诲可聆听,便不觉寒冷了。

在下除读书之外,如先生所教,每日三省吾身。一日,先生问,修身之碍者何?吾曰在"矜"。人刚愎自用之表现、自欺欺人之心态、骄傲自大之气势,皆由一"矜"字所致。故修身须去"矜"。一年后再见先师,先生问一年中有何进益,在下答道:依道而行,唯去得一个"矜"

字。先生喜之不尽，以为在下学业有成，已能于事独立思考了。

杨时说："谢兄有成，令人敬仰，学界已有'谢上蔡之学'之美誉了。"

游酢说："谢兄不负程先生之望，其修身多有所得，名言业被时人视为'座右铭'，如'人须先立志，立志则有根本''莫为英雄之态，而有大人之器；莫为一身之谋，而有天下之志；莫为终身之计，而有后世之虑'等，很多后生皆能记诵，耳熟能详。"

杨时说："听谢兄回忆当年，也使我想起朱光庭所言：听程大先生讲学，如坐春风。有先生春风拂煦，即使冰天雪地，也不会感到有什么寒意的。"

第二天上午，程颐问杨时此次前来有何特殊问题要讨论。

杨时说："这些年来，我对张横渠之著作及思想进行了研究，但对《西铭》之内涵还有些不甚明白，尤其体用关系及兼受之论，尚有疑义。如其讲兼爱，岂不与墨家相同耶？故特前来求教。"

程颐听后说："在横渠诸多论著中，《西铭》最为先兄和我所重。《西铭》之为书，推理以存义，扩前圣所未发，与孟子性善养气之论同功，二者亦前圣所未发，岂是墨氏可比哉！"

接着，他从几个方面分析了《西铭》的重要与创新之处。

首先，张载提出"性于人无不善"。此与孟子的"性善论"一致，其又提出人有"气质之性"，即认为每个具体的人各有不同于他人的本性。此对于认识人何以有恶的问题找到了答案，并要人们注意培养自己的浩然正气。此说与孟子的"养气论"有异曲同工之妙。横渠先生可谓"道尽高，言尽醇。自孟子后，儒者都无他见识"。

其次，程颐指出，张载《西铭》之思想与墨子"兼爱"主张有本质之别。《西铭》主张"民吾同胞，物吾与之"，即认为天底下之人皆我同胞兄弟，皆应施以仁爱，心胸是何等的宽阔！就内容而论，"理一而分殊"，"兼爱"则是"二本而无分"。张载说君主是父母（天地）的长子，大臣则是帮助长子的管事者。尊敬老人，就是尊敬兄长，还要慈爱孤儿小孩。张载的这一说法，其实就是"老吾老以及人之老，幼吾幼以及人之幼"，是"理一"；人各亲其亲，各子其子，便是"分殊"。天道人道原是"一本"，本来就是"一理"，这就肯定了宗法制。墨子的"爱无差等"则是"二本"，是天道人道"二本"，不分亲疏是"无分"。可见两种学说完全不同。"分殊"的流弊在于为私心所胜而丧失"仁"，但在分殊的基础上推致"理一"，就能防止私心太胜而成就"仁"。这与"兼爱"无分的过错在于"兼爱而无义"根本不同。"无分"便走向"无文之极"，这便否定了亲疏有别的宗法观念。

再次，《西铭》既讲明了"理一分殊"的道理，又要使人实际推行，这就是"用"。所以，绝不能理解为"上言体而不及用"。

程颐最后强调说："横渠先生所言'为天地立心，为生民立命，为往圣继绝学，为万世开太平'，此话是何等的豪迈，既往哪位圣人讲过？令人震撼，实在是了不起！"

杨时站了起来，说："这些年来，学生对'理

(明)仇英《程门立雪图》

一分殊'不甚了了,一是思路狭隘,二是学养不逮。今日聆听先生批讲,如拨云见日。先生关于体用之言,也化解了学生许多不解之谜团。"

程颐见杨时对张载《西铭》有了正确认识,又嘱咐道:"'理一分殊'之题,是一大命题,老夫今日所言很是简单,望你能再向深处思考,以求通达。"

程颐如此简明而全面地诠释《西铭》,不仅对杨时全面理解《西铭》"民胞物与"的思想实质提供了独到的见解,而且对全面研究道学开阔了思路。

三天后的下午,天灰蒙蒙的,好像要下雪的样子。杨时、游酢用了一个多时辰的光景,对程颐关于《西铭》所讲的记录进行了整理,准备送请程颐过一下目,看记得是否准确,之后再请教有关性善的问题。

程颐书房的门半掩着。

二人推门进去,只见案头放着翻开的《周易》,程颐正在瞑目静坐。

游酢、杨时知道程颐有静坐思悟之习惯。

程颐曾对学生说:孔夫子曰"学而不思则罔",能静坐方能静思。读书不在于多,而在于约,在于入心记着。如能"半日读书,半日静坐",也不失为学习的好方法。故他"每见人静坐,便叹其善学"。

今见先生正闭目静坐,二人不敢打扰,便悄然侍立在书案之侧。

约莫一个多时辰,程颐睁开了眼。

游酢、杨时进来时,程颐是知道的,当时只想静坐一会儿,不期竟睡着了。故一见游酢、杨时还站在书案旁边,就问:"怎么还在这里立着呢?天色已晚,回去吧!"二人见先生已有吩咐,于是便施了一礼告退。

及出门,门外之雪深已盈尺。

第二天,游酢、杨时约了谢良佐一起到了程颐书房。谢良佐说明了请教的问题,道:"孟子所讲性善,善即仁哉?"

程颐说:"孟夫子言性善,然未明人性与天道之关系。我与大先生认为，孟夫子谓人之初性即善，是说善是自然而生成的。天道与理亦是自然而生成，因而可以说，理者，天也，也即天道也，天道是世间万物之主宰。"

杨时问："依先生之意，天道主宰人性？"

程颐说："古人云天人合一。天人本无二，人心与万物不可分，只要诚敬存之，使心廓然大公，内外两忘，便可达到仁之境界。"

谢良佐说："听先生所言，'仁'即'觉'也。若人人能体会得，仁也便是'生意'了。"

程颐说："你二人所言，也有新意。我常讲，一物须有一理，但一物之理即万物之理，而万物之理就是一个天理。"说到这时，他停了一下，之后一字一顿地说："先兄生前说过：理则天下只是一个理，故推至四海而准，须是质诸天地，考诸三王不易之理。"

谢良佐见程颐征引程颢之语，心情有些激动："大先生昔日亦言性与理，然二先生'性即理'三字更使人豁然开朗。今日聆听先生睿言犀语，更觉透别无比。先生讲养气、持敬，强调格物穷理，学生听后，受益匪浅，可享用终身。"

程颐讲解时，游酢、杨时听得很认真，并不停地做笔记。听了谢良佐的话，杨时也很有感触地说："今日先生所讲，也使我想起了大先生的话，其曰'穷理、尽性，以至于命，三事一时并了，元无次序。不可将穷理作知之事。若实穷得理，即性命亦可了。'先生所讲天道主宰人性，言简意赅，与大先生识仁、存敬之意一脉相通。"

程颐见学生各有所得，十分高兴。最后说：情由心发，才因气殊。人性虽本善，然人若不从外切入，下一番格物穷理之功夫，欲达物理、性理之豁然贯通，实亦难矣！

这时，谢良佐见天色已晚，便站起身来对程颐施了一礼，说："学生身在渑池，距洛甚近，可随时来向先生请教，明天就回去了。"之后转过身说:"你二人远道而来,见先生一次不易,就多住些时日吧!"

游酢、杨时表示,均已向上峰告假,若无催促,便多住些时日,以便静下心来向先生求教。

编管西人蜀　著述了心愿

一、入另册编管涪州

元祐元年（1086），翰林学士吕大防被授予尚书右丞，进中书侍郎。元祐三年（1088），因吕公著年老致仕，高太后除吕大防为尚书左仆射兼门下侍郎，封汲郡公。可惜的是，刚卸相位而被封为司空平章军国事的吕公著第二年二月便去世了。

吕大防为人正直，不树朋党且有自知之明，他感到权势太重，未必是好事。元祐八年（1093）初，他向高太后提出要辞去相位。高太后对他说："皇上正需要你，现在还不能辞位，再过上一年半载，到我也退位时你再退下也不迟。"

始料不及的是，九月，高太后病逝，享年62岁。

唐宋时，皇帝去世后，朝廷为兴办丧事要临时设置山陵使一职。按照规定，山陵使必须由先朝宰相担任，事毕后必须辞职离任。由于高太后垂帘听政，以国礼安葬，吕大防任山陵使。

程颐闻讯高太后驾崩，赶赴京师吊唁。其间，吕大防告诉他，朝廷欲以馆职相授。程颐固辞。吕大防说："即使孔子在世，也不至于此吧！"程颐回答道："汲公怎么说这样的话呢？我是什么人，怎么敢和孔夫子相比呢？"吕大防见程颐不愿为官，又提出赠送百缣，但又遭到程颐拒绝。有人劝他收下，他说："吕公赠百缣于我，以某贫也。天下贫者亦众矣，何独我一人？朝廷缣帛固多，恐公不能尽周之也。"

高太后丧礼之后，吕大防离开了朝廷。

哲宗亲政后，改元绍圣，意谓一切要继承神宗时的方针政策。

绍圣元年（1094）春，哲宗接到著作郎兼任侍讲的范祖禹所上奏折。奏折说：

> 元祐之初，陛下召程颐对便殿，自布衣除崇政殿说书，天下之士皆谓得人，实为希阔之美事。
>
> 颐在经筵，切于皇帝陛下进学，故其讲说语常繁多。草茅之人，一旦入朝，与人相接，不为关防，未习朝廷事体，而言者谓颐大佞大邪，贪黩请求，奔走交结，又谓颐欲以故旧倾大臣，以意气投台谏，其言皆诬罔非实也。
>
> 陛下慎择经筵之官，如颐之贤，乃足以辅导圣学。至如臣辈，叨备讲职，实非敢望颐也。臣久欲为颐一言，怀之累年，犹豫不果。使颐受诬罔之谤于公正之朝，臣每思之，不无愧也。今臣已乞去职，若复召颐劝讲，必有补于圣明，臣虽终老在外，无所憾矣。

哲宗想到自己的老师当年谆谆教诲，年逾花甲，不愿到京师就任还背负罪名，实为不妥，于是下诏复除程颐直秘阁判西京国子监。

消息传来，程颐对范祖禹为自己上书正名甚为感慨："大道至公啊！"

尹焞对此十分称赞："范公正直敢言，令人佩服！其一身正气，实乃我辈之范。"

程颐说："祖禹小我7岁，为嘉祐进士，一直从司马温公编纂《资治通鉴》，后为秘书省正字。时介甫当政，权倾朝野，祖禹不为所动，致力于撰写《唐鉴》，后擢任右正言。申国公吕公著当政，祖禹为其婿，为避嫌而辞职，后改授祠部员外郎，迁著作郎。"

167

师生二人正在闲谈，家人送来一封简帖。程颐拆开一看，不禁"唉"了一声，便坐在了椅子上。

原来是朱光庭去世了。

"公掞小我四岁，竟先我而去了。痛哉，痛哉！"程颐用袖子擦了一下眼睛，便站起来走进里屋去了。

绍圣四年（1097）二月，范祖禹冒着春寒到洛阳看望程颐。

哲宗亲政后，新党人物如章惇、吕惠卿等一个个官复原职，并摆出一副与旧党势不两立的气势，范祖禹十分失望，为远害全身，他向朝廷辞去了侍讲之职，集中精力将十年前编纂《资治通鉴》时所收集的资料整理为《唐鉴》。不久前，《唐鉴》得以付梓，这次西向，一方面是看望程颐，一方面是赠送《唐鉴》。

范祖禹讲了朝中的一些情况，程颐听了叹了口气。

"连范公这样无党学人，章惇、吕惠卿尚不放过，如我与司马大人关系至深者岂能逃脱？"

范祖禹说："今日来见先生，即是想提醒先生，这些年你在西京讲学，虽聚徒有限，然新党已视为眼中钉，故请先生不妨暂到关中避一避。"

程颐说："范大人，我长你几岁，今年已65，罢官对我来说正遂心愿，只是为《周易》所作之传才写了一半，杀青尚需时日。"他转过身对尹焞说："这样吧，过几天我们到伊皋书院去，那里到底是比洛阳清静些。"

三月，朝廷策进士，24岁的尹焞告别程颐，兴冲冲地前往汴京应试。

不几日，尹焞又回到了书院。

程颐大吃一惊。

尹焞说：哲宗亲政后，曾被罢职的左中丞李清臣被召回朝，拜为中书侍郎。吕大防离任不久，范纯仁也离开了相位，这样，中书省实际上由李清臣一人说了算。李清臣极力主张全面恢复熙丰新政，得到哲宗皇帝的首肯。今年廷试，由李清臣发策。

"他发策什么？"程颐仍有些急，站了起来。

尹焞见问，就将带回来的应试发策呈给了程颐。发策上写道：

> 今复词赋之选而士不知劝，罢常平之官而农不加富，可差可募之说纷而役法病，或东或北之论异而河患滋，赐土以柔远也而羌夷之患未弭，弛利以便民也而商贾之路不通。夫可则因，否则革，惟当之为贵，圣人亦何有必焉。

程颐看后坐下，又问："你何以应对？"

尹焞说："李大人发策之意，皆绌元祐之政，学生可以干禄乎？于是不对而出。"

程颐说："你学业已成且年已二十有四，正是立业之时，今年应试错过，岂不还要等上三年。"

尹焞笑了一下说："先生当年不是慨然有志于道而不仕吗？看来我这个学生亦是要走先生之路了！"

程颐仍不放心："此事高堂知晓否？"

尹焞说："从京师返回时我已回村禀知家母。家母虽居僻村陋巷，然深明大义，曰：'吾知汝为善养，不知汝以禄养。'"

程颐闻此，不禁赞道："贤哉，母也！"

尹焞说："母亲之言，甚慰我心，学生决计终生不再就试！以布衣之身侍奉高堂，侍奉先生。"

师徒二人正在说话时，洛阳的家人送来了汴京得到的邸报。邸报上赫然印着司马光等人被夺谥的消息：

> 三省言："司马光、吕公著诋毁先帝，变更法度，罪恶至深，及当时同恶相济、首尾附会之人，偶缘身死，不及明正典刑，而亡没之后，尚且优以恩数及其子孙亲属，与见存者罪罚未称，

> 轻重不伦。至于告老之人，虽已谢事，亦宜少示惩沮。"于是下制：追贬吕公著为建武军节度副使，司马光为清海军节度副使，王岩叟为雷州别驾，夺赵瞻、傅尧俞赠官，追韩维子孙亲属所得荫补恩例，孙固、范百禄、胡宗俞各与恩例两人，余悉追夺。

"连死人也不放过，此非大宋之法也，真是岂有此理！"程颐很是气愤。接着，他们又看了第二张邸报上公布的消息：

> 三省言："近降指挥，以司马光等各加追贬，其首尾附会之人，亦稍夺其所得恩数。谨按吕大防、刘挚、苏辙、梁焘等，为臣不忠，罪与光等无异，顷者朝廷虽尝惩责，而罚不称愆，内范纯仁又自因别过落职，于本罪未尝略正典刑；轻重失当，生死异罚，无以垂示臣子万世之戒。其余同恶相济，幸免失刑者尚多，亦当量罪示罚。"癸未，制：吕大防责授舒州团练副使，循州安置；刘挚责授鼎州团练副使，新州安置；苏辙责授化州别驾，雷州安置；梁焘责授雷州别驾，化州安置；范纯仁责授武安军节度副使，永州安置。刘奉世、韩维、王觌、韩川、孙升、吕陶、范纯礼、赵君锡、马默、顾临、范纯粹、孔武仲、王汾、王钦臣、张耒、吕希哲、吕希纯、吕希绩、姚勔、吴安诗、晁补之、贾易、程颐、钱勰、杨畏、朱光庭、孙觉、赵昇、李之纯、杜纯、李周等三十一人，或贬官夺恩，或居住安置，轻重有差。

尹焞看到第二张邸报上有程颐的名字，心中很是不安。

"程先生，怎么办？"

程颐看到有自己的名字，不但未怒，反而平静了许多。

"总算石头落地，放归田里了。"他对尹焞说，"你我心中有了数，安心做自己的事吧。使我感到不安的是韩维大人，他今年已81岁高龄，若他州安置，怕走不到地方就不行了。"

"自己前途未卜，倒想着他人安危，真仁人也！"尹焞从心底里佩服先生。

半年过去了，天气渐渐冷了起来。

十一月的一天，程颐正在书房与前来看望他的谢良佐说话，尹焞进来说，洛阳知府李清臣有公事要见，所率人员已进了上房讲堂。

李清臣与程颢同岁，但却晚其八年才中进士，故一向对二程以礼相待。他见程颐来到上房，立即迎上前说："卑职是奉命前来传旨，程先生，委屈你了！"

程颐听到"传旨"二字，立即跪了下来："微臣接旨。"

李清臣于是念道："程颐与司马光同恶相济，妄自尊大，至欲于延和讲说，令太母同听。在经筵多不逊，虽已放归田里，可与编管涪州。"

程颐接了诏书后说："李大人，罪臣何日动身？"

李清臣说："不是本府相催，朝廷明令三日动身。"

送走了李清臣，程颐把谢良佐和尹焞叫到跟前。

程颐说："书院开办十有四年，烦请谢君在此停留数日，以善后。尹焞去告诉其他同窗，书院已被查封，这几天就各奔其所吧。明天我回洛阳家中收拾行李，后天就上路了。你我师生数载，今日分离，老夫虽年逾六十，然仍觉后会有期！"

尹焞说："谢先生公务在身，我陪先生去涪州！"

程颐说："不可。子曰：'父母在，不远游。'你当在家侍奉高堂，精研易理。来日我还有事于你。"

回到履道坊的当天晚上，天空飘起了雪花，不多时，纷纷扬扬的大雪便铺满了大地。

第二天早饭后，程颐一边检查行囊，一边对夫人说："我虽然六十有余，然尚无疾病在身。到西蜀后，会时时有书信寄回，你们不必牵挂。家中儿孙及婶娘都须照看，你倒是要身子硬朗方可。"

正说着，只见三个洛阳府的公人走了进来。一位长官模样的人向程颐施了一礼，说："李知府派我等前来护送程先生，现在辰时已过，请程先生上路吧！"

程颐说："行李均已备好，请稍等片刻，我到后院与叔母告别一下即来。"那人说："来时李大人有话，说即刻出发，因而我等不敢多逗留半刻。请先生即刻上路吧。"

程颐见公人如此行事，也不好再说什么，便让前来送行的孙子提上行囊，向家人挥了挥手，便转过身随公人上路了。

二、坐禅院潜心易传

绍圣四年（1097）十二月，经过长途跋涉的程颐来到了涪州。

涪州地处西蜀偏东南部，治所在涪陵，辖涪陵、乐温、武龙三县。涪州地处嘉陵江、乌江与长江交汇之处，为水上交通要冲，相当繁华。

虽然已是腊月，但涪州江北岸的崇山峻岭仍是郁郁葱葱、生气勃勃，毫无北方初冬的肃杀景象。

知府早就听说程颐为一代硕儒，又曾为帝师，只不过由于党争之故受到牵连才涪州编管。他见程颐风尘仆仆只身一人，立即派人加以安顿，之后，出于尊敬与怜悯，又前往看望。

程颐的住处就在州衙左边的巷子里，是一座有两间正房、一间厢房的小院。院内除有一棵碗口粗细的黄桷树外，还有几株紫玉兰和两株腊梅。

程颐见房舍干净，院落整洁，心情顿时舒展了许多。

知府见到程颐后先施一礼，说："程先生，涪州地处偏僻，无法与西京相比，这就委屈你了。你暂且住在这里，以后有何事要办，尽管吩咐卑职就是了。"

程颐见知府是一位谦和君子，很是感动，忙还礼说："在下是一戴罪之人，多蒙知府关照，十分感激。老夫前些年讲学之余，尚撰写了一些学《易》心得，欲趁余生之力，做些整理。此院居于闹市，人员往来出入较多，如能在郊外僻静之处寻一安身之所，实则更好。"

知府说："这个不难。你且住下，休息几日后不妨到城外各地转转，若有可心之处，本府便派人将先生送去就是了。"

程颐听知府此言，心里又踏实了许多：看来他对自己并无戒心。只要无外界干扰，自己便可潜心研《易》了。

腊月二十六上午，程颐见一丝风也没有，就在院子里踱步。

再过三天就是春节了。

"独在异乡为异客，每逢佳节倍思亲。"想到自己身居暮年，却编管在距家两千余里之外的蜀地他乡，王维的两句诗不觉到了唇边。

"嘭嘭嘭"，有人敲门。

程颐打开大门，一位头戴儒巾、看相貌约50岁出头的男子走了进来。

那人上前深施一礼，口中道："学生拜见先生！"

程颐为之一怔，忙将客人让进房中。

不等程颐开口，客人便说："学生乐温谯定，六年前曾到汴京游学，闻得先生判西京国子监，便前往洛阳就教。先生治学修身'主敬'之教，使学生顿开茅塞；先生所言《易》理，更是闻所未闻，使学生受益匪浅。"

听了谯定的这几句话，程颐眼前立即浮现出了当年一位衣着整齐、文质彬彬的中年学者向其拜师的情景。

"哦，哦，原来是'涪陵先生''谯夫子'啊！"程颐不禁笑了，"你的两句诗很有名，'两轮日月磨兴废，一合乾坤夹是非'，我至今还记得。"

"先生过奖了。乐温县现属涪州管辖，在家乡能看到先生，很是高兴。"

"老夫来到涪州，你是如何知道的？"

"前几天,在汉州一同窗处见到京师邸报,知先生编管涪州,我就急忙赶了回来。不知这些天先生起居饮食可意否?"

程颐于是把知府关照自己的情况对谯定讲了一下,并说欲寻一僻静处整理《易》传书稿。

"几年不见,先生犹如当年,身体如此之好,学生甚感欣慰。过几天就是春节,我过来陪先生几天。节后,我带先生到江北寻一处僻静之处,我也搬到那里,一来陪先生,二来向先生求教《易》理。"

程颐说:"在洛阳时我也听几位弟子说过,这几年你精研《易》学,多有所得,建树堪与苏氏蜀学相比,人称'谯夫子'。你我住在一起甚好,可随时讨论一些疑难之题。"

元符元年(1098)正月十五,涪州元宵灯节十分热闹。

第二天,谯定带程颐过江来到黄旗山麓下一处叫北岩的地方。谯定青年时曾学佛,对这里的一座始建于唐代的普静禅院比较熟悉。

方丈献茶后,谯定说明了来意。

方丈合十道:"善哉!程大人乃一代硕儒,谯先生亦涪州名贤,二位能光临寒院,不胜荣幸。本寺西北隅近山处有一小院,倒也清静,只是比较简陋,有些委屈二位施主了。"

程颐与谯定渡江回来时,突遇大风,一个大浪涌来,小船几乎要翻。坐在仓内的几位农妇吓得大叫起来。谯定急忙过来扶程颐,但见先生仍正襟危坐如常。船至对岸,乘船的一位老者问程颐:"当船危时,君正坐,色甚壮,何也?"程颐曰:"心存诚敬耳。"老者颔首,曰:"心存诚敬,固善,然不若无心。"程颐闻言为之一震,欲与之语,而老者竟上岸而去。程颐问谯定老者何人,谯定说不识,程颐叹道:"蜀中高人也!"

第二天,涪州知府便派人帮助程颐把行李搬到了普静禅院。

几天后,谯定对程颐说:"有几位儒生与我交好,听说先生到蜀,欲来拜师求教。"

程颐说:"我是戴罪之人,目前讲学收弟子不合时宜,然其前来讨论、切磋甚好。蜀中之徒,有你一人足矣。再说,老夫还要将更多时日用于整理旧作,撰述未了。"

几天后,谯定带来了三位儒生,年纪都在30岁上下。

三人施礼坐下后,程颐问道:"诸位到来,不知有何见教?"

一人说:"蜀中距中原甚远,未能前往就学,于心常戚戚焉。今日得睹先生尊颜,亲聆教诲,实我等学子之幸。请先生就《易》之旨、《易》之义教我。"

程颐点了点头,说:"此实乃《易》之要也。老夫可将几十年学《易》之一得略讲一下,供诸位体悟吧。"

谯定见程颐甚是认真,示意三人做好记录。

程颐说:众所周知,《周易》为群经之首,大道之源,其既深奥,又平易。《易》讲象、数。自汉儒释《易》以来,学《易》不外两途。就当今而言,我与我家大先生阐《易》,要在从社会运行、国家治理、人生要义切入,邵夫子则从数切入,推测阴阳变化,阐释人间吉凶祸福。

他说:世间万物皆有象,有象必有数,有数必有理。理即道。《易》曰:"一阴一阳谓之道"。

他说:象见于天,形成于地,变化之迹见矣。阴阳之交相摩轧,八方之气相推荡,雷霆以动之,风雨以润之;日月运行,寒暑相推,而成造化之功。得乾者成男,得坤者成女。乾当始物,坤当成物,乾坤之道,《易》简而已。

他说:圣人以《易》之道崇大其德业也。知则崇高,礼则卑下。高卑顺理,合天地之道也。高卑之位设,则《易》在其中矣。斯理也,成之在人则为性。人心存乎此理之所存,乃"道义之门"也。

三位儒生听了程颐对《易》理简要阐解,感到讲得非常透辟,说:"先生宏论,我等如大旱之遇甘霖,拨云之见天日,心里甚觉剔透,诚望先生能升堂开讲，使更多蜀中学子得沾雨润。"

谯定说："先生初来乍到，你等不可操之过急，过些时日再说吧！"

涪州的春天是令人惬意的，程颐在谯定陪伴下，有时二人讨论，有时二人沿江散步；夜则独自思索，兴之所致，便挥毫撰述。

一日，程颐与谯定一起读《易》。

《系辞传上》曰："阖户谓之坤，辟户谓之乾，一阖一辟谓之变，往来不穷谓之通，见乃谓之象，形乃谓之器，制而用之谓之法，利用出入，民咸用之谓之神。"

程颐指着"见乃谓之象"对谯定说："谯君初学《易》，师从郭曩氏。此使我想起前些时渡江之老者，蜀中知《易》之高人可谓多矣也。"

谯定答道："学生之师郭曩氏者，世家南平，始祖在汉为严君平之师，世传《易》学，盖象数之学也。先师于《易》，自'见乃谓之象'一语以入。所见高妙，启人甚深。定少喜学佛，听先师讲《易》后，则尽析其理归于儒也。"

程颐说："治平四年，游成都，即遇知《易》之高人，可惜未与其语。"

谯定听了吃了一惊："三十年前先生即来过西蜀？"

程颐点了一下头，回忆道："当年先父知汉州事，老夫与兄随侍。一日游成都，见治篾箍桶者挟册，就视之则《易》也，欲拟议致诘，而篾者先曰：'若尝学此乎？'因指《未济》'男之穷'以发问。逊而问之，则曰：'三阳皆失位。'兄弟涣然有所省，翌日再过之，则去矣。"

谯定说："蜀人习《易》者众，然如先生之博者寡矣！"

程颐接着说："其后颍阴人袁滋又名溉字道洁者入洛拜师，问《易》于老夫，我即对其言：'《易》学在蜀耳，盍往求之？'滋入蜀访问，久无所遇。已而见卖酱薛翁于眉、邛间，与语，大有所得，不知所得何语也。"

谯定说:"我亦听人言,袁道洁入蜀居于梓州富顺监,有卖酱薛翁,旦荷笈之市,午辄扃户默坐,视之意象静深。道洁以弟子礼见,且陈所学,叟漠然,久之乃曰:'经以载道,子何博而寡要也。'与语未几,复去。"

"故而老夫曰:知《易》者,蜀有高人也!"程颐说。

一天午后,程颐正准备磨墨,谯定领着一位客人进来了。

程颐一眼便认了出来,来人是苏门四学士之一黄庭坚。

"鲁直学士何以至此?"程颐一边让座,一边问。

黄庭坚说:"程先生是《易》理大师,我班门弄斧,就借《系辞》中的一句吧:'天下同归而殊途'也!"

程颐一听也笑了:"当年苏轼骂我'糟糠鄙俚叔孙通',世人均曰洛、蜀不可相争。没想到哲宗亲政,章惇当国,洛、蜀两党真的是同归遭贬一途了啊!现在看来,意气用事实不可取也。"

黄庭坚说:"先生是去年来到这里的,我被贬为涪州别驾,黔州安置,是前几天才到这里,就住在这个禅院的后面。"

"你也住在这里?那我二人真真是'殊途同归'了!"程颐听黄庭坚说也住在普静禅院,很是惊讶,"改日老夫当前去求教。"

不料黄庭坚说:"我今日前来拜访,一是敬慕先生,二是向先生辞别的。"

"何以辞别?欲到何处?"程颐不解。

黄庭坚说:"此次西蜀之行,路遥水险,兄长大临很不放心,专陪前来。日前,又接朝廷之命,称庭坚之母为提举夔州路常平张向亡母之妹,诏以避亲嫌,移我戎州(今四川宜宾)安置。庭坚自涪移戎,为溯江而上,尚费时日,故须立即启程。"

程颐说:"行程在即,学士又来看望,老夫深表谢意。"

黄庭坚走到程颐书案前,指着砚台说:"程先生当代大儒,庭坚一向敬仰有加，今日之会，别无纪念，就留几个字给先生吧。"

谯定见此，一边铺纸一边说："黄学士书法名冠天下，能留墨宝于涪州，实鄙地之幸也。"

黄庭坚对程颐说："程先生精研《易》理，此天理也。《周易·系辞》曰：'探赜索隐，钩深致远。'当今名至实归者，先生一人也。今先生又在此致力《易》传之述，卑人不揣浅陋，就将此室称为'钩深堂'吧！"

说完，走到案前，仔细地审视了宣纸大小，先写了竖幅"钩深堂"，之后又挥毫写下了横幅。

"献丑了，献丑了！"黄庭坚边笑边说。

谯定对黄庭坚的书法十分欣赏，赞不绝口："谢谢黄学士。有劳了，有劳了！"

涪陵北崖黄庭坚"钩深堂"题刻

是年夏，天气酷热。

谯定从乡下请来几位石匠，在住房后面山崖上凿了一个长方形的山洞。为方便程颐起居，谯定还搬来了藤椅和藤床。

一天傍晚，谯定陪程颐在山洞前散步。谯定说："前些时你对二位年轻人讲，《易》之象、数，寓含着不尽的天理、人道与治世之学，蜀人闻所未闻，他们听后也觉其理甚邃，即是学生本人，对'物理极而必反，故泰极则否，否极则泰'亦有所不解。先生是否在所撰《易》传中详加阐述。"

程颐说："那日所讲，只是老夫几十年学《易》之点滴体会，欲探其奥，须联系社会及各人修身、立事之实际。"他见谯定似懂非懂，又说："以例而言吧：如否卦，上九曰：'倾否，先否后喜。'上九，否之终也，物理极而必反，故泰极则否，否极则泰。上九否既极矣，故否道倾覆而变也。先极，否也；后倾，喜也。否倾则泰矣，后喜也。又如：夏至，阳之极也，而一阴生；冬至，阴之极也，而一阳生。故盛衰之相承，治乱之相生，天地之常经，自然之至数也。其在周易：泰极否来，否极泰来。"

谯定听得很专注。

元符二年（1099）的春节，程颐过得很轻松，《周易程氏传》已基本撰就，他对谯定说，依中原之习俗，正月初七之前他要"息笔"，要休息几日了。

谯定听后很高兴："先生早该如此了！"

正月十五午后，谯定来到钩深堂。

"晚上陪我到城里观灯去吧。"未等谯定开口，程颐先开了腔。

"看来先生的《易传序》是脱稿了。"谯定走到案前，见《易传序》还放在桌子上，便念了起来：

> 易，变易也，随时变易以从道也。其为书也，广大悉备，将以顺性命之理，通幽明之故，尽事物之情而示开物成务之道也。圣人之忧患后世，可谓至矣。去古虽远，遗经尚存。然而前儒失意以传言，后学诵言而忘味。自秦而下盖无传矣。予生千载之后，悼斯文之湮晦，将俾后人沿流而求源，此传所以作也。

> 易有圣人之道四焉：以言者尚其辞，以动者尚其变，以制器者尚其象，以卜筮者尚其占。吉凶消长之理，进退存亡之道，

备于辞。推辞考卦可以知变，象与占在其中矣。君子居则观其象而玩其辞，动则观其变而玩其占。得于辞，不达其意者有矣；未有不得于辞而能通其意者也。

至微者理也，至著者象也；体用一源，显微无间。观会通以行其典礼，则辞无所不备。故善学者，求言必自近。易于近者，非知言者也。予所传者辞也，由辞以得其意，则在乎人焉。有宋元符二年巳卯正月庚申河南程颐正叔序。

谯定看后，很是感慨。"先生解述《易》之旨、《易》之义，悉在其中矣。"又说："先生理、象合一之论：以理为体，以象为用，以至此着显形之象探至微无形之理，则无所不得，实开古今学《易》之先河也！"

"我还要写一篇《易序》，已有了腹稿，三两天即可写出。"程颐说，"不说这个了。我们观灯去吧！"

第三天，程颐把写好的《易序》交给谯定看：

易之为书、卦爻象象之义备，而天地万物之情见。圣人之忧天下来世，其至矣。先天下而开其物，后天下而成其务。是故极其数以定天下之象，着其象以定天下之吉凶。六十四卦、三百八十四爻，皆所以顺性命之理，尽变化之道也。散之在理，则有万殊；统之在道，则无二致。所以易有太极，是生两仪。太极者，道也。两仪者，阴阳也。阴阳，一道也。太极，无极也。万物之生，负阴而抱阳，莫不有太极，莫不有两仪，氤氲交感，变化不穷。

程颐问："你细看一下，有无纰漏及修改之处。"

谯定说："《易》之义深邃，《易》之理无涯，先生以不足二百字而概括之。何谓'大道至简'，学生今又见洞天矣！"

程颐说："《系辞传》曰：'《易》简而天下之理得矣。'然理之妙，全在深悟而体会耳，故无须赘言。"

谯定说："先生《易传》杀青，可谓大功告成，如若付梓，学生则可马上张罗。"

程颐摆了摆手说："差矣哉！此乃初稿，只可谓粗成，尚不宜示人。老夫欲期十年之力，推敲体悟，改舛纠谬，或补或删，之后方可成定稿。"

谯定说："《易传》脱手，先生即可得宽裕，是否请禅院腾出两间禅房，为蜀中弟子讲学？"

程颐说："先兄在时，曾从'六经'中析出'四书'，意欲重新疏解。今既传《易》，然《论语》《孟子》《礼》《春秋》尚未疏解。我意今春起，先作《论语解》《孟子解》，再作《大学解》，其间亦可讲学。"

听说程颐在普静禅院讲学，蜀中各地不断有人前来，既有青年学子，也有中年人，其中还有官员。

元符三年（1100）正月，春节刚过，涪州传来京师消息：哲宗驾崩，徽宗即位。

赵佶为宋神宗第十一子，是哲宗的弟弟，被封为端王。哲宗无子，其猝然病逝，使得朝廷一时手足无措。

时向太后决定立端王赵佶为帝，遭到宰相章惇等人反对。但一向沉稳的向太后不为所动，果断地迎立了17岁的赵佶，是为徽宗。

徽宗登基后，请向太后权同处分军国事，向太后以长君辞，徽宗泣拜不已，乃移时乃听。向太后鉴于历史教训，力主内宫、外戚不干朝政，于是，同年六月还政于徽宗。

向太后对章惇当政时不分青红皂白地排斥旧党不满，当政后对章惇所斥逐官员士夫，稍稍收用之。

正月底，程颐接到朝廷之命，移峡州（今湖北宜昌）。

谯定对程颐说："三年来日随先生学《易》《论语》《孟子》及《大学》，对理学之旨有了较多的了解，然仅留意于皮毛而尚未切入肌理，故欲随先生东归，不知可否？"

程颐说："老夫《易传》得以在蜀而竣，多谢谯君助我之力！谯君儒学根底丰厚，三年来除《易》之外又专注于《大学》，深得理学之旨趣，老夫返中原之后，西蜀理学之传，非你莫属，望安心涪州为上。"

四月，徽宗大赦天下，程颐复宣德郎，任便居住。

西蜀弟子闻此喜讯，皆来送行。

一弟子向程颐施礼道："先生谪涪，一代大儒之不幸，然实为蜀之大幸也。蜀之《易》学得以广大，滥觞于斯，实先生之功德焉。故时人有先生为'易从伊洛入涪来'之开先河者之誉。"

一弟子道："程先生以理阐《易》，多有发明，苟无先生西来，我辈何以晓理、象合一之论，穷理尽性之道！"

程颐说："不然。颐两次入蜀，遇箍桶翁与乘舟老者，袁滋所遇鬻酱薛翁，皆蜀习《易》之冥冥高人也，老夫颇受启迪，此真可谓学无常师也。"

一弟子道："先生年逾花甲而谪蜀，家人不堪其忧，今还中原，实为一喜，愿先生多多保重，我等来年再赴中州拜望。"

程颐说："多谢诸位关照。三年前老夫谪涪州，忧也，然与弟子讲学，则不以为忧；今遇赦，喜也，然别西蜀弟子，则无以为喜也！"

程颐与诸人一一惜别，遂返洛阳。

三、言四箴儒归道山

元符三年（1100）五月，程颐回到阔别三年的洛阳。

（一）老骥伊洛聚生徒

一天，尹焞对程颐说，有一位宜阳同乡张绎前来从学。

程颐问："张绎何许人也？"

尹焞回答说："乡里志向远大之一奇人也！"

程颐说："请道其详！"

尹焞说，张绎字思叔，家住寿安东七里店（今河南洛阳宜阳城关东店），年方20岁，其因家道贫寒而无学。张绎弱冠佣于市，为人诚而不惜力，然苦于食不果腹。某日见县令出行鸣锣清道，护人甚严，显赫于市。于是问于人："何以得飞黄腾达？"人曰："读书科选，登仕途。"从此发愤读书。后读《孟子·滕文公章句下》"志士不忘在沟壑，勇士不忘丧其元"句，豁然开朗，遂知功名为轻，道德为重，往日羡慕县令之思，烟散冰消，从此不以功名为念，砥砺明志，以儒为业。

程颐道："知以礼修身，以德为要，且才思敏捷，孺子可教也。"遂收为徒。

几天后，程颐正在与尹焞、张绎两人讲话，家人来报说，有一位从八闽来的青年人，持杨时名帖，特来拜见先生。

尹焞立刻起身到外面迎接。

进来的年轻人看起来和张绎年龄相仿，在20岁上下，见程颐即行施礼，并说："晚生罗从彦拜见先生。"之后递上一个信封，说："学生为福建南剑人，是从萧山杨时大人处赶来的，这是杨知县给先生的问候信。"

程颐展开杨时的来信看，脸上露出了愉悦的笑容。

"好啊，好啊！"他连赞了两声。

"杨知县说些什么？"尹焞、张绎问。

程颐说："杨时当年从先兄为师，返回时先兄说'吾道南矣！'杨

183

时果不负所望,先后在南方讲学。元祐八年又来就教于我,现任萧山县令,门下有徒近乎千人。理学南传于闽、浙,实令人欣慰不已啊!"

这时张绎说:"罗先生从南方来,请给我们说说理学南传的盛况吧!"

罗从彦说:"杨县令先后两次北上,深得二位程先生理学之旨,故从学者纷纷,先后到萧山从学者亦逾千人。学生我也是慨然慕之,便带着干粮徒步前去就学的。先生所讲之道,在南剑时闻所未闻,故令学生惊汗浃背,深感不至萧山,几虚过一生矣!学生欲探《易》之深旨,杨先生又令学生前来拜见伊川先生。"

程颐指着杨时的书信说:"杨时对我说:从学者虽众,然佼佼者甚稀,唯从彦可与言道。还说,罗君严毅清苦,笃志求道,才思超人,已独得不传之秘。"

罗从彦听后立即说:"先生过誉了。学生虽笃志求道,然尚未登堂入室,今变卖家产北上,意在从先生学《易》之至理。"

程颐对尹焞、张绎说:"罗君千里迢迢,十分辛苦,今天就讲到这里,安排他歇息去吧。你二位把昨天所抄《易传序》拿给他看,有所疑问,过几天我可稍加批讲。"

几天后,程颐把尹焞、张绎、罗从彦叫到讲堂,问他们看了《易传序》的想法。

"先生欲使后人沿流求源,由此可知《易》是大道之源。"罗从彦说了一句就停下来了,他担心理解得不对。程颐点了点头,说道:"不错,继续说下去。"

"《易》之所以谓大道之源,是其蕴含着吉凶之理、进退存亡之道,即先生所言:以言者尚其辞,以动者尚其变,以制器者尚其象,以卜筮者尚其占。"

程颐听了十分高兴,说:"为学之道,必本于思。思则得之,不思则不得也。故《书》曰：'思曰睿，睿作圣。'思所以睿，睿所以圣也。杨时言罗君多思善悟，非是美言，名副其实也。"之后又说："《易传》成书以来，至今秘未示人，以为时机未至。今日听罗君之言，方知我过于多虑了。罗君南返之时，可将一册带与中立，你二人再加体悟，理学南传无虞矣！"

程颐又问尹焞："尹君看后有何想法？"

尹焞说："《易传序》学生伏读数遍，昨天又与从彦反复探讨，然仍有些想法，某固欲有所问，然不敢发。"

程颐说："若有新的想法，不妨说与老夫。"

尹焞说："先生融儒学与佛理于一甚是，然如'至微者理也，至著者象也，体用一源，显微无间'，似太露天机了。"

程颐听后站了起来，不禁叹了口气，说道："近日学者何尝及此？某亦不得已而言焉耳！"

"是啊，不说得明白如话，一般学者很难明晓。"罗从彦说，"'体用一源，显微无间'，我初读时即不甚明白。"

十月的一天，罗从彦对尹焞说他要返回故乡了。

程颐送罗从彦至官道，拉着他的手说："理学乃性命之学，其精义多在《易》与'四书'之中，体用一源，你与杨时君理会得最好。理学之南传，尽在你与杨君也！"

第二天，河南府送来朝廷诏书：程颐复通直朗，权知西京国子监。程颐接诏谢恩。送走河南府官员后，程颐对尹焞说："我来口授，写一款谢复官表吧。"

"什么，先生要上谢复官表？"尹焞有些惊诧。

程颐见尹焞不解，苦笑了一下，说："新君即位，首蒙大恩，自二千里放回，亦无道理不受。"

185

尹焞似乎有所理解，点了点头，连忙拿过笔和纸。

程颐接着说："某在先朝，则知某者也多。当时执政大臣皆相知，故不当如此受。今则皆无相知。朝廷之意，只是怜其贫，不使饥饿于我。某须领他朝廷厚意，与受一月料钱，然官则某必做不得。既已受他诰，却不供职，是与不受同。且略与供职数日，承顺他朝廷善意了，然后唯吾所欲。"

"此亦《易》之通变也。"尹焞一边笑着说，一边铺好了纸，"先生能有今日之心境，甚好，甚好！"

尹焞将写好的《谢复官表》递了过来，程颐看后，吩咐家人明天送到河南府。

过了不久，有一位名叫孟厚的年轻人也来到程颐家中拜师。程颐问后方知，孟厚，字敦夫，也是洛阳人，与尹焞、张绎同岁。

三个同龄的年轻人在一起，讨论中经常争辩，使得程颐家中增加了许多生气。

初冬的一天，谢良佐从蔡州赶来看望程颐。

程颐问："你不在蔡州讲学，来洛有何要事？"

谢良佐说："先生理学之思，犹如一株常青之树，学生之所以时时前来拜望，实欲亲炙，'苟日新，日日新'也。"

一日，程颐对尹焞和张绎说，你二人去问一下谢良佐，一个多月来有何收获。

谢良佐对二人说，这次受益最多的是能经常与先生在一起交谈。程颐听后很是认可。

建中靖国元年（1101），由于党争之风又起，五月，朝廷追夺程颐所复官职。

消息传来时，程颐正在给弟子们讲《春秋》，课后见诏，淡然一笑。

初冬，常州人周孚先前来拜师。

周孚先，字伯忱，与杨时友善，当时为太学讲习，慕程颐之学，偕弟恭先一起就学。师生相处甚好，伊川每谓孚先兄弟气质纯明，可与入道。

崇宁元年（1102），曾被罢相的蔡京，在童贯的举荐下，因送花石纲得到徽宗的信任，并趁机排挤了宰相韩忠彦、曾布，而为右仆射兼门下侍郎（右相），不久又官至太师。

五月，蔡京建议，为推行新政，对"元祐奸党"不可姑息。

九月，朝廷同意在端礼门前立御碑，将元祐时大臣尽以党人、奸人刻入碑中。其中，文臣有文彦博、吕公著、司马光等22人，待制以上有苏轼等35人，其余为秦观、程颐等48人，加上内臣张士良等8人，武臣王献可等4人，共计117人。

不久，吕希哲之子吕舜从来洛阳见程颐并执弟子礼。

程颐见此，十分感慨地说："自嘉祐元年令尊大人拜老夫为师至今已四十六年矣，其后希纯亦尊我为师，今你身为县令，又来就教于我。令祖父司空大人与老夫先父交好。看来，我们也是三世通家之好了。"

吕舜从说："学生是今年五月以党人子弟补知巩县，蔡京既然连先祖都不放过，学生被罢势必也在情理之中。若此，我也不再为宦，但从先生为学就是了。"

程颐说："尔可能被株连，但老夫与尔等又不同，是再次被列入另册之人，必然波及。当此之时，只有'义''命'两字。当行不当行者，义也，得失祸福，命也。君子所处，只说义如何耳！"

在继续修订《易传》的同时，程颐为尹焞、张绎等总结理学要义。张绎将其归纳为三点。

一曰论理气。有理而后有象，有象而后有数。《易》因象以明理，由象以知数。得其义则象数在其中矣，必欲穷象之隐微，尽数之毫忽，乃寻流逐末，术家之所尚，非儒者之所务也。……理无形也，故因象以明理。理见乎辞矣，则可由辞以观象。

二曰论性命。理也，性也，命也，三者未尝有异。穷理则尽性，尽性则知天命矣。天命犹天道也，以其用而言之则谓之命，命者造化之谓也。……忠，天道也；恕，人事也。忠为体，恕为用。

三曰论道心。"人心惟危，道心惟微"。心，道之所在；微，道之体也。心与道，浑然一也。

崇宁二年（1103）二月的一天，程颐把孙子程昜叫到跟前。

程颐说："你曾祖父归天之时，我曾写《先公太中家传》，简述了我族之史。为不忘祖德，爷爷今撰《印铭》数语，你须了然于胸才是。"

程昜接过《印铭》，便朗朗地读了起来：

> 我祖乔伯，始封以程，及其后世，以国为姓。惟我皇考，卜居近程，复爵为伯，子孙是称。程伯之后，莫之与京。崇宁癸未（1103）二月丁卯，颐铭。

程昜读了几遍之后说："爷爷：我已经读熟了，会背诵了！"程颐见此，笑着说："好了，到院子里玩去吧！"

四月，经过两年的撰修，程颐完成了《春秋传》，并撰写了《春秋传序》：

> 天之生民，必有出类之才起而君长之，治之而争夺息，导之而生养遂，教之而伦理明，然后人道立，天道成，地道平。二帝而上，圣贤世出，随时有作，顺乎风气之宜，不先天以开人，各因时而立政。暨乎三王迭兴，三重既备，子、丑、寅之建正，忠、质、文之更尚，人道备矣，天运周矣。圣王既不复作，有天下者虽欲仿古之迹，亦私意妄为而已。事之缪，秦至以建亥为正；道之悖，汉专以智力持世，岂复知先王之道也。
>
> 夫子当周之末，以圣人不复作也，顺天应时之治不复有也，于是作《春秋》，为百王不易之大法。所谓"考诸三王而不缪，

建诸天地而不悖，质诸鬼神而无疑，百世以俟圣人而不惑"者也。先儒之传，游、夏不能赞一辞，辞不待赞者也，言不能与于斯尔。斯道也，唯颜子尝闻之矣。行夏之时，乘殷之辂，服周之冕，乐则《韶舞》，此其准的也。后史以吏视《春秋》，谓褒善贬恶而已，至于经世之大法，则不知也。

《春秋》大义数十，其义虽大，炳如日星，乃易见也。惟其微辞隐义、时措从宜者，为难知也。或抑或纵，或予或夺，或进或退，或微或显，而得乎义理之安，文质之中，宽猛之宜，是非之公，乃制事之权衡，揆道之模范也。夫观百物然后识化工之神，聚众材然后知作室之用，于一事一义而欲窥圣人之用心，非上智不能也。故学《春秋》者，必优游涵泳，默识心通，然后能造其微也。后王知《春秋》之义，则虽德非禹、汤，尚可以法三代之治。

自秦而下，其学不传，予悼夫圣人之志不明于后世也，故作《传》以明之，俾后之人通其文而求其义，得其意而法其用，则三代可复也。是《传》也，虽未能极圣人之蕴奥，庶几学者得其门而入矣。

程颐将《春秋传序》交给尹焞、张绎，让其抄后传示给几位在学的年轻人。出人意料的是，此文很快就传遍了西京，并传到了汴京。

几天后的上午，新任西京法曹的马伸来见程颐，言欲拜师从学。

程颐说："前天即听张绎讲你要来从学于我。你是绍圣四年进士，又任西京法曹，现今朝廷学禁方兴，不拜师的为好。"

马伸说："先生为当代大儒、饱学之士，不仅道学冠于天下，即如文章，也泰斗也。日前在京，太学生无不传诵先生之《春秋传序》。先生倡文以载道，为文宏博，其辞古朴简洁，意绪严密有致。就道学大儒而言，文章林林总总，然唯周濂溪先生之《太极图》、张横渠先生之《西铭》及程先生《易传序》《春秋传序》，被誉为我朝'四篇好文字'也！"

"什么？'四篇好文字'！惭愧，惭愧！"程颐感到惊讶。

马伸接着说："先生之道，为朝野称道；先生之文，与欧阳永叔、苏子瞻共为太学教授激赏。今拜先生门下，使伸朝闻道，夕死何憾！况未必死也！"

马伸请求投于程颐门下为徒，程颐没有同意。

六月底的一天，马伸又来看望程颐，向诸人详述了东京的情况，尤其是有关蔡京等预谋迫害元祐党人及程颐之事。

他说，由皇帝亲书碑额、蔡京撰写碑文的"元祐党人籍碑"已于六月中旬立于内庭文德殿东壁和端礼门前，上载司马光等党人309名。

说着，他拿出蔡京撰写的碑文给诸人看：

> 皇帝嗣位之五年，旌别淑慝，明信赏刑，黜元祐害政之臣，靡有佚罚。乃命有司，夷考罪状，第其首恶与其附丽者以闻，得三百九人。皇帝书而刊之石，置于文德殿门之东壁，永为万世臣子之戒。又诏臣京书之，将以颁之天下。臣窃惟陛下仁圣英武，遵制扬功，彰善瘅恶，以昭先烈。臣敢不对扬休命，仰承陛下孝悌继述之志。司空尚书左仆射兼门下侍郎蔡京谨书。

碑文之后是所列名单，计分六类。一为曾任宰臣执政官：司马光、文彦博、吕大防、苏辙等27人；二为曾任待制以上官：苏轼、范祖禹、朱光庭、鲜于侁、刘安世等49人；三为余官：秦观、黄庭坚、晁补之、张耒、吴安诗、程颐等177人；四为武臣：张巽、李备、王献可、胡田等25人；五为内臣：梁惟简、陈衍、张士良、梁知新等29人；六为为臣不忠曾任宰臣：章惇、王珪2人。

众人看后唏嘘不已。

马伸又说：蔡京等人上书，诬"程颐学术颇僻，素行谲怪，劝讲经筵有轻视人主之意，议法太学，则专以变乱成宪为事"。这才有诏书所言：

"追毁程颐出身以来文字，除名，其入山所著书，令本路监司深察。"

张绎问："听说还有言官上书诬程先生？"

马伸说："上书诬先生者为范致虚。疏曰：'颐以邪说诐行，惑乱众听，而尹焞、张绎为之羽翼，乞下河南尽逐学徒'云云。"

尹焞问："范致虚何许人也？为何必欲置先生于死地？"

马伸说："范致虚为元祐三年进士，太常博士。章惇独相用事，右正言邹浩具奏其不忠慢上，章惇诋其狂妄，乃削其官，羁管新州。范致虚却在城外设宴为邹浩送行，故而被罢官。徽宗复其官为左正言后，因与蔡京同为闽人，便极力向圣上推荐。今蔡京当国，二人上下勾结，欲置元祐党人于死地。"

九月，在蔡京的操纵下，朝廷下诏曰："宗室不得与元祐奸党子孙及有服亲为婚姻，内已定未过礼者并改正。"

程颐闻此，叹道："此大宋开国所未有也。小人当道，累及国人。悲夫！"

十一月的一天，程颐刚来到讲室，就听见院内乱哄哄地有人在嚷嚷，他正要问张绎出了什么事，就见河南府的督办带着几个马弁来到了讲室前。

督办见程颐在，上前说道："程先生，打扰了！我等是奉上峰之派来宣布朝廷命令的。河南府昨天接诏：'以元祐学术政事聚徒传授者，委监司举察，必罚无赦。'请先生立即解散学馆，遣散学生，交出著书。"

程颐说："停馆散学，眼下就可。不过，老夫一生只是讲圣人三坟五典，并无什么著书。"

督办听后对马弁说："你们还愣着干什么，快进屋看一看！"

不一会儿，马弁们拿着几册《论语》《孟子》《春秋》等来到了院子里，并按照督办的吩咐，在讲室门上贴了封条。

河南府的人走后，程颐听对尹焞说："时局既已如此，要避一避这个是非旋涡，我们几人明天就离开这个家，搬到龙门山南去住吧。"

正在这时，又来了几位求学的年轻人。

程颐见状，对他们说："目下朝廷已查封了书馆，别说你们几位无法再收为徒，即使在馆者亦须他走。此实出无奈，望诸位见谅。"

他回过头来对张绎说："写一告示贴于门上，以止来人。就写程颐语曰：'四方学者，尊所闻，行所知，可矣，不必及吾门也。'"

到龙门山上方寺的第三天，洛阳法曹马伸前来看望。

马伸说："今天来，一是给先生压惊，二是拜先生为师。"

这是马伸第十次前来求程颐拜师。

马伸说："学生崇仰先生已久，又将字改为'时中'，即欲效杨时拜在先生门下。如朝廷有禁，则辞官而来可也。"

程颐说："时论方异，恐贻子累。子能弃官，则官不必弃也。"

程颐见马伸志向高远，所见不凡，在张绎等人劝说下，收下了马伸。并说："马法曹有如此之志，则专攻《中庸》可也！"

（二）五士荆山葬大儒

年底，由蔡京乞请，得到徽宗皇帝同意、专门用于外路州军的党人碑立于河南府院内，所列98人，程颐名在其"余官"第23位。

西京人闻此哗然不知所以，程颐处之泰然。

崇宁四年（1105），程颐与尹焞、张绎等住在龙门山，由于陆续又有人前来求学，房舍紧张，年初，在尹焞等人建议下，程颐离开了上方寺，回到了伊川鸣皋书院。

长期未用的书院虽有人看管，但由于缺乏维护，已很残破。由于维修需要较多费用，加之程颐身体状况不好，有时走路双腿感到麻木，看病也需费用，为降低费用，尹焞、张绎与马伸商量后，劝程颐不要再接收生徒，对现有生徒，安排讲学告一段落后，请他们各回其所。

年底，送走最后几名学生后，在尹焞、张绎陪同下，程颐回到了嵩县老家程村居住。

程村位于古陆浑国故地的腹心地带，这里背有大山依靠，前有伊水流经，地势较为平缓，气候宜人。

建于明天顺六年（1462）年的"两程故里"石牌坊

崇宁五年（1106），在千家万户欢度新春佳节之时，夜里，京师开封突然雷电大作，一霎时，将文德殿东壁上的"元祐党人籍碑"击断为二。宫人报于徽宗，徽宗内心惧怕，认为天兆不吉，必有灾异，担心还会打雷，命人连夜将端礼门前的另一块党人碑砸碎，以免上天降下更大祸端。

没过两天，正月戊戌（公历二月二）夕，西方天空出现了彗星。

彗星俗称"扫帚星"，时人以为它的出现是不祥之兆。第二天早朝，徽宗以星变避殿、减膳，诏中外臣僚，并许直言朝政缺失。由于元祐党人碑遭毁，一些朝臣借天象为元祐党人鸣不平。于是，徽宗下诏曰："应元祐及元符末系籍人等，迁谪累年，已定惩戒，可复仕籍，许其自新。朝堂石刻，已令除毁，如外处有奸党石刻，亦令除毁。今后更不许以前事弹纠，常令御史台觉察，违者劾奏。"

政治情势变幻莫测，有时诡谲得出人意料。

彗星不仅仍连夜出现，白天也显现了一次。徽宗心中忐忑不安，于是又宣布大赦天下，除党人一切之禁。

彗星出现的第二十夜，徽宗已是坐卧不安了。御史出身的杨戬悄悄对他说："天怒难消，或许是有小人当道。圣上可暗许一愿，以告上天。"

徽宗一听就明白了，出于畏惧天意，便在心中暗暗发愿："此事若能平息，立撤蔡京。"

奇迹于是出现，当天为戊午，彗灭。徽宗立即召与蔡京不睦的尚书右仆射赵挺之商议。

第二天早朝，赵挺之上表弹劾蔡京曰：蔡京结党营私，布列朝廷，又建四辅，非国家之利云云。

徽宗让诸臣僚公议，众说纷纷，莫衷一是。

二月，诏下，尚书左仆射蔡京罢为开封府仪同三司、太中一宫使；以观文殿大学士赵挺之为特进、尚书右仆射兼中书侍郎。

不几日又下诏：刘忠肃（即刘挚）以下二百有七人赦复有差，程颐复承务郎，依旧致仕，三月，又以通直郎致仕。

天空又现晴朗。

程颐复官致仕的消息是长子端中带回家中的。那天，程颐正在为尹焞和张绎讲说《易传》。

程颐对端中说："你兄弟二人因我为党人而被罢，今可复职。为父年已七十有四，就此致仕甚好。"

"父亲说得极是，"端中说，"父亲虽不再为官，然年事已高，母亲去年又过世了,孩儿外任他地,也实在难以放心。"

程颐说:"老夫身体眼下并无大碍,且有尹焞、张绎住在家中照顾,你兄弟二人过几天就上任去吧!"

第二天,端中兄弟二人决定陪父亲在村外走一走,一来与父亲话别,二来也让父亲放松一下。

次子端辅牵了一匹白马过来,父亲走累时以为脚力。

春天的伊河是美丽的,清清的河水缓缓流淌,岸边时有小草露出微微的嫩芽。不远处的山坡树林中,时有小鸟飞来飞去。

"好几年未骑马了,"程颐对端辅说,"当年,我可是骑马的高手呀!"

端辅见父亲兴致很高,便说:"怎么样,可否骑上再试试!"

在儿子的搀扶下,程颐便上了马。

驾!驾!程颐一手勒着马缰,一手不禁在马的屁股上拍了一下。马见主人催促,便扬起四蹄跑了起来。

"吁!吁!"没跑出多远,程颐便喝令白马放缓步子。

端辅上前扶持,程颐从马鞍上下来。

"老夫尚能骑马,你二人就放心上任去吧!"

三人顺着河堤前行,在一处池塘前停下。

程颐指着一株柳树说:"听前辈老人说,当年宋太祖在洛阳夹马营屯驻,曾带人到这里游猎练兵,中午就在这一片柳树林中休息,太祖在池塘饮马后,马就拴在这棵柳树上。"

端中兄弟走上前去,柳树的粗细恰够两人合抱。

微风拂面,无一点寒意。

塘水清澈,时有鱼儿跃出水面,翻身后又潜入水底。偶尔有两三只水鸟掠水而飞,叼起跃起的鱼儿飞去。

"家乡多好啊!"端辅说。

"是啊,家乡才是最好的归宿之地啊!"程颐说完,笑了。

三天后的上午，程颐要给新来的几位学生讲课，这时，端中、端辅也过来了。程颐说："明天，端中兄弟就要告别我们去上任去了。今天趁诸位都在，我就给你们讲一下为人处世之道吧！"又对尹焞说："前几天让你抄写的《四箴》，拿出来让诸位看一下吧！"尹焞拿出抄好的《四箴》，几个学生帮他挂在墙上。大家默念了起来：

　　　　四箴　并序

　　颜渊问克己复礼之目，夫子曰："非礼勿视，非礼勿听，非礼勿言，非礼勿动。"四者，身之用也。由乎中而应乎外；制于外所以养其中也。颜渊事斯语，所以进圣人。后之学圣人者，宜服膺而勿失也。因箴以自警。

　　视箴

　　心兮本虚，应物无迹。操之有要，视为之则：蔽交于前，其中则迁。制之于外，以安其内。克己复礼，久而诚矣。

　　听箴

　　人有秉彝，本乎天性。知诱物化，遂亡其正。卓彼先觉，知止有定。闲邪存诚，非礼勿听。

　　言箴

　　人心之动，因言以宣。发禁躁妄，内斯静专。矧是枢机，兴戎出好。吉凶荣辱，惟其所召。伤易则诞，伤烦则支。已肆物忤，出悖来违。非法不道，钦哉训辞。

　　动箴

　　哲人知几，诚之于思。志士励行，守之于为。顺理则裕，从欲惟危。造次克念，战兢自持。习与性成，圣贤同归。

程颐问端中："《四箴》之意蕴，可明白一二？"

端中说："先前父亲大人讲《大学》时说：'自天子以至于庶人，

壹是皆以修身为本。'《四箴》实礼修身之要也。"

程颐点了点头。

"你们呢？"他目光盯着几位新近来的学生。

一个学生说："先生之作，类似《诗经》，朗朗上口，我倒是会背诵了，然内涵尚不明白。"

程颐说："圣人讲修齐治平，修为首，故儒家讲，人须从修身进德。箴者，俾志不忘，且兼警戒也。"

接着，他对"四箴"内涵及如何做到"四箴"进行了讲解。他说：要做到孔子所讲非礼者勿视、勿听、勿言、勿动，首先须明白：四者身之用也，由乎中而应乎外，制于外所以养其中矣。明乎此，则人人皆可修身为圣贤也。

一个学生不解地问："做到'四勿'，即可为圣贤吗？"

程颐解释道："孔子所言四者，皆仁也。夫子《述而》曰：'仁远乎哉？我欲仁，斯仁至矣！'意谓，心中有仁，再加之行动上的'四勿'，即具备了仁。"

程颐对尹焞说："尹君，你以为呢？"

尹焞回答道："古人云：修身贵在自明。故《季氏》篇曰：'见贤思齐焉，见不贤而内省也。'圣人云：仁者，善也。故又曰'见善如不及，见不善如探汤。'若时时能克己，则仁行天下也。"

程颐见众人对《四箴》之义有了基本的把握，满意地说："修身、立德、行仁非一日之功，然只要有此初心，积善成德，而神明自得，圣心备焉！"

翌日天刚亮，程颐便起来在院中散步。不一会儿，端中、端辅便过来向他请安、辞行。

回到上房坐下后，程颐说："你二人尽管放心复任，为父眼下身体尚无大碍。若问有何嘱咐，想来只有一件事，你二人须倍加留意。你伯父生前并无著述，然弟子所记语录甚夥，加之为父的一些著述，你们要小心收藏，莫使失其所，他日或可传之后人，以不没祖德且益于社会。"

端中说："此事去年曾与尹焞、张绎议过，他们已抄誊数份，由我与张绎收藏。孩儿对理学知之不深，来日须多下功夫才是。"

端辅说："家中之事，虽有尹焞等人操持，然父亲大人毕竟年事已高，还望节劳颐养为上。只有大人心舒体康，儿在千里之外才会放心。"

程颐说："前几日已与尹焞、张绎说过，过年之后，为父不再收徒授课，只将《易传》传授给尹焞、张绎二人。若再授徒开讲，则是他二人之事了。"

端中说："如此安排甚好。"

说罢，二人便向程颐叩头拜别。这时，尹焞、张绎等也来到了院中，程颐将二人送出大门，尹焞、张绎等人则陪二人走向了村口。

望着端中、端辅远去的背影，程颐心头突然升起了一丝悲凉，似有所失，一个人在那里伫立着，伫立着。

程村的夏天虽然较热，但时有山风吹过，加之不少山为石山，因而只要太阳落下，村子里就相当凉爽。

端午节时，有几个学生送来了从伊河里捕捞的鲤鱼与河虾。

中秋节时，尹焞、张绎送来了鲜甜的大枣请程颐品尝。

霜降过后不久，乡亲们又送来了柿饼和核桃。

讲学、讨论、散步、聊天，有尹焞、张绎及几位年轻人的陪伴，程颐生活一如往常，平静但并不寂寞。

宋徽宗崇信道教，自称教主，故有道君皇帝之称。在道教思想驱使下，他不仅到处修建道观，还听信道士之言，多次更改年号。

哲宗驾崩，徽宗即位，改元为"建中靖国"。"建中靖国"之含义主要是景仰宋太宗。宋太宗赵光义是宋太祖赵匡胤的弟弟，徽宗是哲宗之弟，两人都是弟承兄位而不是子继父位而为帝。太宗即位后年号为四个字的"太平兴国"，于是徽宗用"建中靖国"，寓意为大展宏图。但不料第二年扶其即位并曾一度垂帘听政的向太后去世了，为示诚惶，也要改年号。徽宗意欲改弦更张，再行其父神宗熙宁新法之政，于是改元为"崇宁"。崇宁五年（1106）正月，彗星出现，徽宗认为是上天暗示国祚不祥，于是取《易》第二十卦中的"大观在上""下观而化"之意，改年号为"大观"。

大观元年（1107）正月，蔡京再次被起用，诏除左仆射兼门下侍郎，重居相位。

尹焞将邸报消息拿给程颐看，程颐神色黯然，轻轻叹了口气，说："古人云：'百足之虫，死而不僵，以扶之者众也。'"停了一会儿，又说："鼠辈误国，实天下之不幸也！"

清明过后，天气渐渐暖和起来。一天午后，风和日丽，尹焞、张绎陪程颐到村外散步。

回到家里，程颐坐在椅子上休息，吃了一杯茶后，便走到案边拿起《周易》看了起来。

几天后，西京国子监又来了几个后生，他们恳求程颐收其为徒，从师学《易》。

尹焞对他们说："先生近来身体欠佳，你们是否过了夏天再来。"

程颐对尹焞摆了摆手，说："既来之，则安之。趁我身体尚好，就留下他们吧！"几个人十分高兴，便扶程颐坐下，行了拜师之礼。

转眼几个月过去了。

八月底的一天，尹焞家里捎信过来，说其母亲有病。尹焞对程颐说："家母身体一贯硬朗，若无要紧之事，是不会让我回去的。"

程颐说："也怪我粗心，你几个月没回过家了，也未催问过你！快回去看看，如令堂不适，可多在家里待几天。"

"既然这样，霜降节过后就回来！"尹焞说。

霜降节那天，村里有一年一度的庙会。下午，程颐在张绎等人陪同下，到街上转了一转。

回到家里，程颐感到有点儿累，便躺在床上休息了一会儿。之后，他想下床，然而试了几试，竟未坐起来。张绎赶紧过来搀扶，程颐勉强走了几步，就坐在旁边的椅子上了。

程颐苦笑了一下，对张绎说："真的是老了，不行了！"

第二天上午，张绎请来了郎中。

郎中诊脉之后说："先生患的是风痹症，可惜治得晚了些。先开几服大承气汤，让先生吃一吃，过几天我过来再瞧瞧，需要时可调调方子。"

过了两天，张绎搀扶着程颐在院子里慢慢走动。

"郎中说大承气汤是秘方，先生服后感觉如何？"

程颐说："郎中说病叫风痹症，看来说得很对。去年只是感觉两条腿有时麻木，这几天则上下肢均有酸痛之感，且痛而游走无定处。不过，服过药之后疼痛就消去了许多。"

"我听说菖蒲酒治风痹有疗效，明天我打两斤回来，先生不妨试试。"

程颐说："菖蒲酒通血脉，壮筋骨，饮一点也好。"

九月十五日下午，尹焞急匆匆地从宜阳赶到了程颐家中。他连脸也顾不得洗一把，就来到了程颐房中。

程颐一见尹焞，便挣扎着想坐起来，由于有些气喘，没有坐起来。

"你母亲怎么样？老太太真是天下少有的贤德之母啊！"

"我走那天，先生还好好的，怎么突然就卧床不起了呢？"尹焞急切地问，"张绎他们几位呢？"

程颐说："郎中说我这病叫风痹症，开了大承气汤，吃了几服很见效。刚才郎中又来诊了脉，说要调调方子。这不，张绎跟他一起抓药去了。"

你母亲怎么样了？"

"母亲偶染风寒，主要是年纪大了，身体又太虚弱，一时难以自理。"

程颐说："我这病是慢病，须静养，时下也无大碍，身边又有张绎他们照料，你就赶快回去吧！"

正说着，张绎掂着几包草药回来了。张绎吩咐，先把一服放在砂锅里泡上，以便晚饭后煎熬。

九月十六日清晨，尹焞亲自把煎好的药端到床头，之后一匙一匙地喂先生喝下，一个时辰后，又看着先生吃了半碗小米粥。

程颐对尹焞说："走吧，你母亲身边不能没有人。我这里若需要你，会派人叫你回来的。"

尹焞无奈，上前拉住程颐的手说："有张绎他们在，我放心。万望先生多保重吧，我三两天就回来。"

尹焞刚走，下午，孟厚从洛阳赶来，不多一会儿，范域也来了。

孟厚、范域要到房中看望先生，张绎说，先生刚刚入睡，过一个时辰吧。

夕阳的余晖洒满了庭院，孟厚与张绎一同把药煎好，送到程颐跟前。孟厚说，他上午从京师回到洛阳，听说先生不适，就赶来了。

程颐问朝廷情况。孟厚说，去年蔡京被罢相之后，朝堂儒学日兴，先生可安心静养，待身体康复后，说不定圣上还要请你进京再为朝廷经筵。

程颐听后说："老夫今年已75岁，虽曾布衣为经筵，然终一生不过一介书生耳！吾一生讲道，弟子千余，老夫知足矣！更令老夫欣慰的是，不少业有所成，早年之弟子吕大临、刘绚等已过世，然杨时、游酢尚在，吾道可传矣！吾晚得二士尹焞、张绎，以及尔等后学，均亦崭露头角，薪火相继，老夫放心矣！"

程颐喘了口气，接着说："尔等年轻，前途尚大，理学之发明推新，任重道远，要相互劝勉才是！"

张绎见程颐说话有些吃力，说道："先生休息吧，我等先退下，有何叮嘱，明天再说吧！"

程颐听后，合上了眼，小声说："尔等先去吧。"说罢，侧身睡去。

约过了半个时辰，在外屋的张绎、孟厚听到里间有动静，急忙走了进去。

昏暗中，只见程颐挣扎着像有话要说的样子。张绎把放在窗台上的蜡烛点上，孟厚等也来到了床前。

程颐脸色平静，皱纹也展开了，额头在烛光下微微发亮。程颐张了张口，没有出声。张绎见此，转身端过半杯温水，用汤匙喂了两口。程颐咂了一下嘴唇，说："看来我是不行了，然还……还……还有两句话要交代与尔等。"接着喘了口气，说："一……一是后事须简，二是杨时若来……来……来的话……"

此时，窗外一阵风吹来，蜡烛忽闪了两下便熄灭了。

程颐没有说完，便闭上了眼睛，鼻孔微微抽搐了一下，又入睡了。

过了一会儿，张绎感到不好，轻轻把手伸到先生鼻部，但已感觉不到半点儿气息了。

张绎扑通跪倒在床前，泪珠吧嗒吧嗒落了下来。

孟厚、范域等见状，一个个扑到了床前，号啕大哭起来。

天已黄昏，院子里的人都把目光集中在刚从屋中走出来的张绎身上。

张绎擦拭了一下眼泪，对孟厚说："后事按先生的吩咐办理，你赶快派人通知尹焞，同时通知邵伯温先生大公子邵溥，也要派人送信给先生的大公子端中、二公子端辅。"

接到程颐去世的消息后，尹焞强忍着悲痛赶回程村，刚到村口，他就下了马，步行到庭院。

灵堂设在正屋中厅，程颐安卧在一张简易的木床之上，头着一顶平时常戴的桶状黑色方巾，一条白色的床单从脚直蒙到面部。床前一小案几上放着供品和点亮的蜡烛。厅堂地下铺着麦秸，其上放着两张席子，十几个穿着孝服的守灵后辈儿妇及侄孙辈席地而坐。

尹焞在先生灵前行叩拜礼之后，便伏在地上悲痛而号。孟厚上前将其拉起，并扶其到东厢房坐下。

张绎对尹焞说："先生临终前说后事要简办，其几位公子又不在家，你随先生快二十年了，此事非你主持不可。我们在一起议了一下，大主意还是由你定夺才是。"

尹焞端起桌子上的杯子，喝了一口水，说："先生虽以宣义郎致仕，然就眼前情势，别说朝廷，就是河南府也不会有人过问。世人犹畏党禁，即如先生弟子，奔丧亦恐多有不便者。灵堂设两天即可，供宗亲及好友前来凭吊，后天就可入殓安葬。至于鼓乐、路祭等仪式，可全都省免。不知诸位意下如何？"

孟厚看了一眼张绎，说："尹君所虑甚是周严，先生的令郎为宦他乡，也不是三五天消息就能送到的。你看如何？"

张绎说："既然如此，我明天就安排村人到先生祖茔打墓去了。"

晚饭后，几个人在一起商议先生的祭文。

张绎对尹焞说："先生晚年对你最为器重，且你对先生之学理解亦深，这里的杂事全交给我，你去给先生写祭文吧！"

尹焞摆了一下手说："先生遽然而去，未能最后见上一面，家母又卧病在床。我心乱如麻，一时难以理出头绪，祭文还是劳驾你吧！"

孟厚见尹焞面色憔悴，也对张绎说："你一直守在先生身边，这悼词还是由你执笔为好。"

见张绎还要推辞，范域说："事已至此，张绎就不要再说什么了。"

几个人正说着，邵溥急匆匆地推门进来。他见灵堂里掌着蜡烛，于是便径直到案前跪拜、叩头。

邵溥回到院子里说:"河南府为蔡京耳目,洛人恐被诬为党,欲前来为先生吊而不能,我也是多了一个心眼,薄暮方才出城,故来晚了,很是惭愧。"

第三天午时过后,众人目送程颐入殓。

在一片哭声中,尹焞主持了祭祀仪式。

张绎身着重孝,站在棺木前低声宣念祭文:

呜呼!利害生于身,礼义根于心。伊此心丧于利害,而礼义以为虚也,故先生踽踽独行斯世,而众乃以为迂也。惟尚德者以为卓绝之行,而忠信者以为孚也;立义者以为不可犯,而达权者以为不可拘也。在吾先生,曾何有意?心与道合,泯然无际。无欲可以系羁兮,自克者知其难也;不立意以为言兮,知言者识其要也。德辖如毛,毛犹有伦;无声无臭,夫何可亲?呜呼!先生之道,不可得而名也。伊言者反以为病兮,此心终不得而形也。惟泰山以为高兮,日月以为明也;春风以为和兮,严霜以为清也。

在昔诸儒,各行其志;或得于数,或观于礼;学者趋之,世济其美。独吾先生,淡乎无味;得味之真,死其乃已。

自某等受教,七年于兹;含孕化育,以蕃以滋。天地其容我兮,父母其生之;君亲其临我兮,夫子其成之。欲报之心,何日忘之?先生有言,见于文字者有七分之心,绘于丹青者有七分之仪。七分之仪,固不可益;七分之心,犹或可推。而今而后,将筑室于伊、雒之滨,望先生之墓,以毕吾此生也。

呜呼!夫子没而微言绝,则固不可得而闻也。然天不言而四时行,地不语而百物生。惟与二三子,洗心去智,格物去意,期默契斯道，在先生为未亡也。呜呼！二三子之志，不待物而后见；先生之行，不待诔而后征；然而山颓梁坏，何以寄情？

凄风一奠，敬祖于庭；百年之恨，并此以倾。

祭奠仪式结束后，按当地习俗，十二位村人将棺木缓缓抬起，慢步走出程宅，尹焞、张绎、孟厚、范域及邵溥执弟子礼走在棺后，亲属好友随其后。

大观四年（1110），程颐之子端中、端辅、端彦在伊川荆山程氏祖茔为其父修建了墓碑，上面镌刻着十个大字："宋宣义郎程颐伊川之墓"。

参考书目

[1] 王孝鱼点校：《二程集》（上、下），中华书局，1981年7月．

[2] 王星贤点校：《朱子语类》（全八册），中华书局，2004年2月．

[3] 《宋史》，中华书局，1977年11月．

[4] 《资治通鉴》，中华书局，1982年7月．

[5] 《续资治通鉴长编》，中华书局，1979年8月．

[6] 《续资治通鉴长编纪事本末》，书目文献出版社，2003年5月．

[7] 陈金生、梁运华点校：《宋元学案》（全四册），中华书局，1986年12月．

[8] 陈均：《九朝编年备要》，影印文渊阁《四库全书》第328册，台湾商务印书馆，1983年．

[9] 郭彧整理：《邵雍集》，中华书局，2010年1月．

[10] 邵伯温：《邵氏闻见录》，中华书局，1983年8月．

[11] 张富祥译注：《梦溪笔谈》，中华书局，2009年10月．

[12] 阮元：《十三经注疏》，中华书局，1980年10月．

[13] 杨伯峻：《论语译注》，中华书局，2009年10月．

[14] 侯外庐、邱汉生、张岂之：《宋明理学史》，人民出版社，1984年4月．

[15] 卢连章：《二程学谱》，中州古籍出版社，1981年4月．

[16] 卢连章：《程颢程颐评传》，南京大学出版社，2001年4月．

[17] 吴建设：《河洛大儒——程颢程颐传》，文心出版社，2010年6月．

[18] 杨海中：《周代礼乐与河洛文化》，河南人民出版社，2016年9月．

[19] 王增瑜：《宋朝划分乡村五等户的财产标准》，《中华文史论丛增刊·宋史研究论文集》，1982年1月．

[20] 周建华：《反理学——王安石变法失败的主要原因》，《甘肃社会科学》2004年第3期．

[21] 李存山：《"庆历新政与熙宁变法"补说》，《中州学刊》2005年第1期．

[22] 李存山：《程朱的"格君心之非"思想》，《中国社科院研究生院学报》

2006年第1期.

[23] 王利民：《濂洛风雅论》，《文学遗产》2006年第2期.

[24] 王新春：《仁与天理通而为一视域下的程颢易学》，《周易研究》2006年第6期.

[25] 王世光：《二程理欲观与王安石变法》，《齐鲁学刊》2007年第6期.

[26] 薛书洁：《定性识仁——程颢修养工夫之微探》，《唐山师范学院学报》2013年第1期.

[27] 刘丰：《宋代礼学的新发展——以二程的礼学思想为中心》，《中国哲学史》2013年第4期.

[28] 方光华、曹振明：《张载思想研究的历史回顾》，《长安大学学报·社科版》2015年第1期.

[29] 赵振：《二程语录的〈易〉学价值》，《兰州学刊杂志》2015年第8期.

[30] 陈寒鸣：《北宋儒者文士与党争》，www.wyzxwk.com/Article/zhonghua/2009/09/1899.html.

后　记

二程在中国文化史、思想史、哲学史上的地位至巨至伟，十分崇高。

中国优秀传统文化的源头可以追溯到很远很远，但基本形态、元典观念和核心内涵的奠基却在三代，其最重要的表现就是形成了以儒家文化为标志的主体文化。

秦一统天下，对中华多民族大家庭的形成起到了决定性的作用，汉、唐帝国的强大与繁荣促进了各民族文化的交流与融合，同时也促进了中外文化的交流与融合。

文化交流与融合的结果，一方面使中华文明更加丰富灿烂，另一方面也使儒家文化的主体地位显现式微。

北宋五子（周敦颐、张载、邵雍、程颢、程颐）的出现，使中国文化史、思想史、哲学史为之一变，其中最为重要的是振兴了儒学，使其哲学思想理性化、系统化，并提倡经世致用，儒学从此成为正统的主流思想，成为中华民族文化的主干与核心，使这一文化的基因深入社会、深入人心，以至百姓日用而不觉。

程颢说：吾学虽有所授，然"天理"二字却是自家体贴出来的。二程将"天理"视为宇宙与哲学的本体，使儒学升华为理学，使中国哲学完成了一次不寻常的飞跃。朱熹全面继承并进一步发展了二程思想，集理学之大成，从而使传统儒学发展至巅峰，标志着儒学哲学思维达到了一个空前的高度。

二程理学的核心是天人合一，即天理良心，其既指自然规律也指社会伦理，就伦理道德而论，核心内容是仁、善、敬。

二程与孔、孟在中国思想史上地位同等重要，然而近百年来人们对二程思想的正面了解远远比不上孔、孟。其原因是多方面的，一是二程著述浩繁，人们很难全面了解，二是片面及断章取义的介绍充斥于教科书及通俗读物之中，如很多人并不知道二程及朱熹思想之要义，却能信口说二程与朱熹"存天理、去人欲"之言是"杀人""吃人"之"名言"，是"禁欲主义"。

"存天理、去人欲"的本来面目是怎么样的呢？

孔子倡"仁"，他说："克己复礼为仁。一日克己复礼，天下归仁焉。为仁由己，而由人乎哉？"

何为"己"？二程认为，"己"即为"私"。程颢说："克己则私心去，自然能复礼。"程颐则说："非礼处便是私意。既是私意，如何得仁？凡人须是克尽己私后，只有礼，始是仁处。"还说："仁之道，要之，只消道一个'公'字。……公而以人体之，故为仁。只为公，则物我兼照。故仁所以能恕，所以能爱；恕则仁之施，爱则仁之用。"结论是："克己之私既尽，一归于礼，此之谓得其本心。"

六经之一的《礼记·乐记》中说："人化物也者，灭天理而穷人欲者也。于是有悖逆诈伪之心，有淫佚作乱之事。"这是最早提出反对"灭天理而穷人欲"的记载。《尚书·大禹谟》中说："人心惟危，道心惟微，惟精惟一，允执厥中。"程颐在解释上述经典时说："人心私欲，故危殆。道心天理，故精微。灭私欲则天理明矣。"他还进一步说："视听言动，非理不为，即是礼，礼即是理也。不是天理，便是私欲。人虽有意于为善，亦是非礼。无人欲即是天理。"

朱熹认可二程天理、人欲之论。他说："孔子所谓'克己复礼'，《中庸》所谓'致中和''尊德性''道问学'，《大学》所谓'明明德'，《书》曰'人心惟危，道心惟微，惟精惟一，允执厥中'，圣贤千言万语，只是教人明天理、灭人欲。天理明，自不消讲学。……所以程先生说'敬'字,只是谓我自有一个明底物事在这里。把个'敬'字抵敌,常常存个敬在这里,则人欲自然来不得。夫子曰:'为仁由己,而由人乎哉!'紧要处正在这里!"

朱熹认为"明天理、灭人欲"是儒家思想之精髓之一。他认为二程将"人欲"释为"私欲"是正确的。这里,"人欲"与人的正当欲望与需求不可画等号,二者不是一个概念。他举例说:"若是饥而欲食,渴而欲饮,则此欲亦岂能无?""问:'饮食之间,孰为天理,孰为人欲?'曰:'饮食者,天理也;要求美味,人欲也。'"他还指出:"同是事,是者便是天理,非者便是人欲。如视听言动,人所同也。非礼勿视听言动,便是天理;非礼而视听言动,便是人欲。"在这一点上,他认为南宋初年的思想家胡宏所说"天理人欲,同行异情"是正确的。因此,他的结论是:"学者须是革尽人欲,复尽天理,方始为学。"

由此可知,二程及朱熹"存天理、灭人欲"的核心是强调自我修养,要人们明辨天理人欲之异,克服超出正当要求及违反社会规范的穷奢极欲,复归于人的自然本心。

这无疑具有非常重要的积极意义。

除理学的独特贡献外,二程在为学、为政及教育等方面也有很多建树,对中国文化与社会的发展产生了重要影响。

基于以上认识,当大象出版社组织撰写这套"乡贤文化丛书"时,本人才不揣谫陋,怀着崇敬与再学习之心,认真地将两位文化巨人的不凡思想和事迹加以剔拢爬梳,以尺短寸长之见,择其大要小心翼翼地介绍给读者。

本书在撰写过程中参考了卢连章等先生的论著,在此谨向各位老师与同人表示衷心的感谢。

杨海中
2016 年 6 月 6 日